O CORONEL QUE RAPTAVA INFÂNCIAS

Matheus de Moura

O CORONEL QUE RAPTAVA INFÂNCIAS

Copyright © Matheus de Moura, 2021.

PREPARAÇÃO
Kathia Ferreira

CHECAGEM
Rosana Agrella da Silveira

REVISÃO
Carolina Leocadio
Thaís Carvas

DIAGRAMAÇÃO
Filigrana

PROJETO GRÁFICO E DESIGN DE CAPA
Túlio Cerquize

IMAGENS DE CAPA
Samuel Martins / Agência O Dia
Mauro Pimentel / AFP

IMAGENS DE VERSO DE CAPA
Gabriel Paiva / Agência O Globo
Athayde dos Santos / Agência O Globo
Custódio Coimbra / Agência O Globo

CIP-BRASIL. CATALOGAÇÃO NA PUBLICAÇÃO
SINDICATO NACIONAL DOS EDITORES DE LIVROS, RJ

M888c
   Moura, Matheus de
      O coronel que raptava infâncias / Matheus de Moura. - 1. ed. - Rio de
Janeiro: Intrínseca, 2021.
      256 p. ; 21 cm.

      ISBN 978-65-5560-278-4

      1. Livro-reportagem. I. Título.

21-71154
                       CDD: 869.3
                       CDU: 82-31(81)

Leandra Felix da Cruz Candido - Bibliotecária - CRB-7/6135
21/05/2021 24/05/2021

[2021]
Todos os direitos desta edição reservados à
EDITORA INTRÍNSECA LTDA.
Rua Marquês de São Vicente, 99, 3º andar
22451-041 – Gávea
Rio de Janeiro – RJ
Tel./Fax: (21) 3206-7400
www.intrinseca.com.br

Ao meu irmão, Gabriel, e a todas
as criaturas frágeis deste mundo
que necessitam de cuidado,
atenção e de ter sua dignidade
respeitada.

SUMÁRIO

Prólogo: O coronel abatido 11

PARTE I

1. As doze horas 17
2. O coroinha e o aspirante 32
3. O tenente e o político 44
4. Terra prometida 60
5. O capitão folgado 73
6. Político sem campanha 85
7. Primeiro flagrante 97
8. Trânsito em julgado 112
9. No bunker do bicheiro 125

Interlúdio: O nascimento das infâncias 132

PARTE II

10. O sumiço da indiazinha 139

11. Terra conquistada 149

12. O coronel brinca de Deus 166

13. Empreendedor beato 178

14. Segundo flagrante 193

15. A delegada, a mídia e o pedófilo 212

16. Coronel rendido 228

Epílogo: As irmãs 240

Notas 247

Bibliografia 250

Agradecimentos 255

"Roubos na rua assustam mais as classes mais altas, enquanto as balas perdidas são o terror na vida da população menos favorecida. Mas os problemas do Rio vão muito além disso, e é um espanto que apenas tiro, porrada e bomba tenham acendido o alerta de que a Cidade Maravilhosa é uma farsa. Uma paisagem espetacular, recheada de problemas escandalosos.

Essa visão de que o Rio é o melhor lugar do mundo para se viver é um tanto provinciana e romântica, além de cega, de uma maioria que mora e trabalha na Zona Sul — e parte da Zona Oeste — e só de vez em quando tem o doce cotidiano chacoalhado pela violência que atravessa o túnel Rebouças. Gente que vive numa bolha que eventualmente estoura num assalto com morte."

Mariliz Pereira Jorge (jornalista e roteirista),
"A vida é muito curta para morar no Rio",
Folha de S.Paulo,
30 jun. 2016

Prólogo: O coronel abatido

20 de maio de 2019

Mais uma vítima emergia do breu da rua General Espírito Santo Cardoso para a claridade do interior da 19ª Delegacia de Polícia, na Tijuca, Zona Norte do Rio de Janeiro. Vindo daquela reta de casebres assemelhados a cortiços e de árvores que flertam e valsam com os postes de iluminação, surrupiando-lhes a luz, o homem tinha o semblante do residente típico daquele reduto de classe média carioca: pele alva e bochechas coradas, quando não pálidas; na faixa dos sessenta anos e no espírito da aposentadoria; de porte honroso, trajando camisa social. Caminhava com dificuldade, apoiado numa bengala de madeira de aparência cara que lhe impunha vulnerabilidade e tornava lenta a sua chegada ao balcão da recepção. Os atendentes, ao notá-lo, já sabiam pelo que esperar: denúncia de roubo de carteira, dúvidas sobre como fazer um B.O. on-line para retirar um novo RG ou queixa de furto de celular em algum desses barzinhos de paredes azulejadas — ocorrência comum entre os aposentados mais boêmios e desvairados, que esquecem coisas à mesa. Talvez por isso a surpresa dos presentes no recinto quando o sujeito anunciou:

— Eu vim me entregar.

— Quê? — perguntou o oficial, num olhar soerguido.

— Como eu já disse, vim me entregar para a polícia. Há um mandado para mim — respondeu, roufenho, o sexagenário de pele alva.

Percebendo a confusão do oficial, o recém-chegado levantou os ombros e continuou:

— Eu me chamo Pedro Chavarry Duarte. Há um mandado de prisão me esperando aqui.

— Ok — rebateu o outro, zombeteiro. — E tem certeza de que é aqui que o senhor deveria se entregar?

— Não sei. Eu moro na Barra, achei mais conveniente vir aqui — explicou Chavarry, calmo.

— Ok, senhor Pedro...

— ...Chavarry Duarte.

— Qual o crime do senhor?

Havia ainda certo escárnio no tom de voz do policial por trás do balcão.

— Abuso sexual de menor — confessou Chavarry, evitando encará-lo.

O policial franziu o cenho e observou atentamente a face do homem à sua frente: tinha os olhos negros e redondos, como duas bolinhas de gude que guardavam o universo em seu interior, olheiras profundas e bochechas taxidermizadas pela degradação do tempo. Deu-se conta então de que aquele rosto lhe era familiar. Vira nos jornais, sabe-se lá quando, que um coronel reformado da Polícia Militar do Estado do Rio de Janeiro fora preso por pedofilia. Seria ele?

— O senhor é aquele coronel da PMERJ?

Evitando os entreolhares, o sujeito respondeu um rápido "sim, sou eu".

Incrédulo, o policial explicou que ele deveria ser levado até o Batalhão Especial Prisional (BEP) de Niterói, município ligado à capital fluminense por uma ponte que, de tão grande em seus treze quilômetros de extensão, ilude o viajante a enxergá-la dobrada ao meio. Mas Chavarry o interrompeu, dizendo que conhecia os procedimentos e que já havia uma viatura à sua espera do lado de fora da delegacia. Queria apenas se render oficialmente. Afinal, estava na hora de, mais uma vez, provar sua inocência perante outra acusação infundada. Havia três décadas pregava aos familiares que inimigos políticos conspurcavam sua honra. Aquela era, porém, a primeira vez que se entregava deliberadamente às autoridades. A acusação de que teria abusado sexualmente de uma criança de cinco anos e de outra de dez, agenciadas pelo pai e pelo avô dos meninos, cinco anos antes era mera ficção, conspiração do delegado Adilson Palacio, da Delegacia da Criança e do Adolescente Vítima (Dcav), no Centro. E essa narrativa asquerosa não era apenas um delírio de Palacio, era também fruto de uma perseguição histórica da própria Dcav, onde sua antiga algoz, a delegada Cristiana Onorato, construíra carreira e o mandara prender em 2016 também por estupro de vulnerável. Mas ele acabara solto.

Chavarry sabia muito bem que ela se encontrava alocada naquela unidade da Tijuca em que ele agora pisava e, ressentido, queria evitá-la a qualquer custo. Contudo, preferia correr o risco de dar de cara com ela a fazer o correto: ir à Dcav, onde seu inquérito estava aberto, e, naquele ambiente que o deixava inseguro e desconfortável, submeter-se ao interrogatório do delegado que de fato comandava seu caso. Preferia mil vezes que as diligências fossem executadas sob as paredes duras de um batalhão da PMERJ, território de sua influência. Por sorte ou esperteza, Chavarry não precisou se estressar com Cristiana. Ela não trabalhava no período noturno.

Após assinar os documentos de praxe, ele saiu da delegacia e entrou na viatura, desaparecendo na úmida e abafada noite da Tijuca, onde os prédios crescem ano a ano e o maciço homônimo se mantém esbelto e imponente, fazendo jus ao título de maior floresta urbana do mundo dado por alguns estudiosos — resultado de uma política de refloresta-mento implementada no século XIX.

Aquela meia hora de diálogo entre o oficial do balcão e o respeitável militar de carreira, famigerado pedófilo, rendeu assunto para a semana inteira na delegacia e em jurisdições além. Frustrado ficou Adilson Palacio, da Dcav, ao saber que perdera a chance de prendê-lo ele mesmo; surpresa ficou Cristiana Onorato quando, na manhã seguinte, ouviu o bafafá sobre o homem que gostaria de ter tido o prazer de encarcerar novamente — ficou apenas na vontade, entretanto.

Chavarry estava protegido atrás das grades da Polícia Militar.

PARTE I

"Pois a gente não é de carne e osso
Não bota filho neste negro mundo
Não sofre, não capina, não se cansa
Não espreme o peito até dar leite e sangue
Não lava roupa até comer o sabugo
Não sustenta um malandro, um coisa-ruim
Que só sabe contar muita garganta
E beber sem parar no botequim?
Pois a gente não é mãe, não cria um filho
Pra ser, como eu criei, absoluto
Pra ser o tal, querido e respeitado
Por homens e mulheres?"

Clio, em *Orfeu da Conceição*,
de Vinicius de Moraes

1. As doze horas

3 de julho de 2014

Sob a brancura das paredes do Hospital Geral de Bonsucesso, na avenida Brasil, Géssica Fernanda Correa grunhia com timidez diante do médico. Tinha dezesseis anos, cabelos negros e pele parda, fruto da mestiçagem entre indígenas, africanos e algum europeu a se identificar. Estava acompanhada da sogra, Beatriz Margarida da Silva, que sentia dificuldade em acreditar que a dor aguda da nora provinha de um parto iminente; duvidava de que haviam se passado nove meses desde que a jovem engravidara. Não poderia a barriga imponente ser assim por somar-se à obesidade da menina? Seria realmente o estágio final da gravidez?, perguntava-se a senhora. Em contraste, Géssica insistia que a dor era descomunal, que tinha de ser a hora. Morosa, deitou-se na maca da enfermaria e abriu as pernas. Deixou que o médico resolvesse o impasse. Ele pôs dois dedos no canal vaginal, mediu a distância entre eles e, segundos depois, concluiu:

— Vai nascer hoje, já tem seis de dilatação.

— Viu, Beatriz?! — exclamou Géssica, de olhos marejados. — Vai nascer hoje, eu te falei…

Por alguns instantes a sogra não a ouviu. Encontrava-se em estado de letargia, flutuando nos sonhos da avosidade e feliz por encontrar vida tão logo após a morte de seu filho mais novo, que teria sido tio do bebê se não tivesse batido a cabeça no concreto após abusar de loló num baile funk. E, se Géssica estava prestes a chorar, Beatriz, sem perceber, se debulhava. Era uma senhora negra de rosto sereno, traços fortes, corpulenta, com braços de quem muito trabalhara na vida e barriga inchada de quem tanto comera feijão com arroz em tempos de vacas magras. Era afeiçoada à nora e seria mais ainda à neta. Sentou-se ao lado da maca e disse:

— Estou aqui, vou ficar do seu lado.

mais cedo, naquele dia

— Beatriz, eu vou ganhar o neném — avisou Géssica, sentada no sofá de casa, na favela Nova Holanda, pertencente ao Complexo da Maré, Zona Norte do Rio de Janeiro.

Beatriz nem sequer a olhou, estava cansada das idas e vindas quase diárias ao Hospital Geral de Bonsucesso por falsos alarmes. Apenas redarguiu que, "quando for, você vai sentir uma dor insuportável". Parira e criara três filhos sozinha, era expert em gravidez e maternidade.

— Mas, Beatriz — insistia a nora —, tá doendo muito. Eu não tô aguentando mais.

Géssica tinha uma voz açucarada e, por mais que as duas tivessem uma relação de puro carinho, já havia algum tempo Beatriz se encontrava exaurida do trabalho compulsório de acompanhante de gestante.

— Tá bom, Géssica, a gente vai ir, mas amanhã tu sabe que tu vai voltar e vai atravessar aquela passarela de novo.

Beatriz se referia a uma das várias passarelas de concreto feitas para pedestres sobre a avenida Brasil, a mais importante via expressa da cidade, com seus 58,5 quilômetros de fábricas, lojas colossais desprovidas de luxo, lares suburbanos e favelas tão bem amalgamadas que fica difícil discernir o começo de uma construção e o fim de outra. Poucas coisas expressam tão bem o que é o Rio de Janeiro quanto a avenida Brasil e suas longas passarelas de aparência singela, quando não arcaica, com vendedores ambulantes servindo de *checkpoint* nas pontas.

Géssica pensou em quanto aquela passarela mais próxima de sua casa lembrava um comprido viaduto e respondeu, recuando:

— Ah, acho melhor esperar um pouco, acho que não é dor, não.

Espreguiçou o corpo largo e pardo no sofá e, em meio a caretas de desconforto, concluiu que não queria ter de lidar com toda a complicação de entrar no ônibus com uma barriga tão grande, tendo de se espremer por entre os corpos rijos dos passageiros em pé — dificilmente um ônibus estaria com espaço de sobra em pleno dia útil.

Um, dois, três, veio a pontada aguda. Os olhos exclamaram a verdade que ela logo reclamou:

— Não dá, vam'bora.

Beatriz percebeu a voz entrecortada por agonia e entendeu que não era exagero, apesar de ainda duvidar da urgência.

— Um minuto — disse, então, com a mão aberta a pedir um tempo.

Pegou o celular e ligou para um amigo da comunidade. A Nova Holanda tinha fama de ter uma população altamente integrada à vida comunitária, não seria um problema clamar por ajuda num momento daqueles. O carro parou na rua contígua, de asfalto esfarelado intercalado com terra. A passarela seria evitada, o ônibus lotado também.

■

Fazia uma hora que Géssica se encontrava na maca, com suor pelo corpo e os dentes a ranger. O músculo do pescoço estava tensionado, precisava relaxar. Queria tanto que Jorge, o marido, estivesse ali, ao seu lado, segurando sua mão; ele estava trabalhando. Era terceirizado na Marinha, no setor de alimentos; não havia como largar tudo e socorrê-la da ainda por vir dor excruciante de parir alguém. Impossibilitada de ter Negão, como ele era conhecido desde pequeno, contentou-se com a sogra, apesar de mesmo assim, eventualmente, chamar pelo amado.

O médico tornou a checar a dilatação. Nenhuma mudança.

Géssica entrou na segunda hora do trabalho de parto com a lombar trincada. Nada anormal para uma grávida no primeiro período clínico — termo usado para a fase da dilatação, altamente desconfortável. Era como se uma hérnia de disco se desenvolvesse do nada. Beatriz a entendia bem, fazendo-lhe carinho nas madeixas pretas e onduladas.

meados de maio

Balões rosa. Balões brancos. Mesinha de plástico. Palmas — clap! clap! clap! Bolo da Moranguinho. Pirulitos. Docinhos. Era um chá de bebê.

Géssica estava rodeada das melhores pessoas de seu pequeno universo: o marido, a sogra, o quarteto de amigas, seus irmãos por parte da mãe de criação (a Tia), a mãe biológica e o carinho, via mensagem, da irmã de sangue que tanto amava mas que morava no Maranhão, longe demais. Não tanto, porém, quanto a irmã que morava no município de Belford Roxo, logo ali, na Baixada Fluminense, por quem nutria a pior das distâncias: a existencial. A festa ocorreu, como sempre, na laje.

O tema do bolo foi escolhido pensando que a filha talvez viesse a entender o que se passava fora das paredes do útero; caso não, reconheceria o afeto pelas fotos, anos depois. Criança de seu tempo, seria sugada para a duradoura febre da Moranguinho já na primeira infância.

Jorge era um rapaz taciturno, nem por isso infeliz. De longe observava, com afago, a esposa ser paparicada pelas meninas do bairro.

— Que barrigão lindo — exclamavam, enquanto ele, miúdo, franzino e de barba rala, dono de uma tímida pancinha, corria a servir as visitas, fatiando o bolo e oferecendo cerveja e refrigerante.

Ao fundo, um estupendo banner rosa com algumas versões de Géssica sorrindo, muitas vezes em vestes também rosa, numa competição pelo tom mais gritante da cor.

Foi um dia lindo e amplamente fotografado — uma obsessão de Géssica.

■

O relógio bateu na terceira hora do trabalho de parto e trouxe com o tique-taque uma novidade: a dilatação evoluíra para sete centímetros. Géssica sentia o desconforto escalonar e enrijecia cada vez mais o corpo, apesar dos avisos médicos e da insistência de Beatriz em fazê-la relaxar e empurrar, com base no "respira fundo, um, dois, três, quatro". Ações inócuas. Géssica obedecia apenas a si mesma. Se precisasse segurar esse bebê mais um pouco, ela o faria; era sensível à dor e não dispunha de energia para aguentar a evolução da agonia, o que, como fora avisada, aconteceria quando a dilatação se ampliasse para oito centímetros. Portanto, não havia escolha senão deixar fluir até parir, no que seria a pior dor física da sua vida, segundo as amigas que já eram mães.

■

Era a regra: quase todo dia Jorge se levantava cedo, lavava bem o rosto, vestia uma bermuda de tactel e uma camisa qualquer, batia com a mão o cabelo crespo e curto e, sem acordar a esposa, a passos gatunos, saía por uma porta de metal com uma janelinha na área inferior que se encontrava quebrada ao meio. Rumava para a Teixeira Ribeiro, uma das principais ruas da Nova Holanda. Saía pelo beco em que morava e se deparava com a molecada da "profissão perigo" já jogando sinuca ao som do funk do momento — importante que o funk fosse carioca, uma vez que o paulista, em especial o da Baixada Santista, encontrava resistência para entrar nos círculos funkeiros do Rio. Afinal, quem pariu o funk que o embale.

A "profissão perigo" não tornava os rapazes menos amigos de Jorge. Ele tinha vinte anos e conhecia muitos deles desde a infância. Embora as relações sofressem fissuras por causa dos caminhos distintos que haviam tomado, não eram indiferentes uns aos outros, cumprimentando-se como se na escola ainda estivessem. Jorge escolhia um dos dois trajetos possíveis: pelo Centro de Artes da Maré, passando pelos feirantes fincados perto dali doze horas por dia e desviando-se dos transeuntes apressados para pegar o primeiro ônibus para a Zona Sul, onde preenchiam as vagas de trabalho que os moradores das comunidades de lá não queriam ou não sabiam que existiam, para só então acessar a entrada da Teixeira; ou imergido pelo interior de sua rua, seguindo pela rua Principal (este é o nome real) até chegar ao destino, a barraquinha de açaí e frutas.

— Vê um copão de açaí com amendoim — declarava, na passiva voz de sempre.

— E aí, Negão? É pra Géssica, né? — devolvia o feirante.

O homem enfiava o máximo de açaí que coubesse no copo e dava mais um pequenininho de brinde. Antigamente, Jorge tinha de pedir — "moço, faz um extra" — para ter certeza de que saciaria os desejos diários da mulher; depois, o feirante passou a fazer isso sem que fosse pedido e sem cobrar a mais.

— Já me vê duas mangas e uma goiaba, por favor — emendava Jorge.

Em seguida, começava a fazer o caminho de volta. Era assim quase todo dia. Deslocava-se pela estrada de asfalto carcomido e com barro em expansão, fizesse chuva, sol, vento, o que fosse, exceto quando a exaustão era tamanha que mal saía da cama. Nesses dias comprava o coquetel de frutas na volta do trabalho. No pior dos casos, também não cumpria com a rotina quando começava o chuvaréu de projéteis provenientes das operações da Polícia Militar do Estado do Rio de Janeiro — uma imponente antagonista da comunidade e do Complexo da Maré. Chegando em casa, encontrava Géssica e Beatriz acordadas. A sacola ficava na pia da cozinha. Géssica lhe dava um abraço cálido. Tão viciada era naquelas frutas que a filha poderia acabar nascendo um grão de açaí com sabor de manga e cheiro de goiaba.

Jorge se arrumava para sair, tinha de ir trabalhar.

■

Quarta hora, ainda estacionada nos sete centímetros. Embora sete fosse o número da perfeição segundo a crença cristã, da qual Beatriz era devotíssima, isso pouco ajudava no momento de dar à luz. Géssica sentia os tendões, as fibras musculares, as veias pulsantes e o formigamento das partes, mas se recusava a deixar evoluir. Era uma reação voluntária e involuntária ao mesmo tempo. Não que ela não quisesse ser mãe, muito pelo contrário, sonhava com o rosto de sua menina. Não sonhava, entretanto, em vivenciar as contrações violentas do trabalho de parto.

— Se solta, Géssica. Você. Tem. Que. Relaxar — insistia Beatriz. — Vai ser melhor, vai doer menos.

Um parto normal, em toda a sua completude, tende a durar de doze a catorze horas. Só Beatriz se preocupava tão ferrenhamente; o médico e a equipe de enfermagem já estavam acostumados.

meados de abril

Outrora, em contextos menos aprazíveis, Géssica fora recebida pelos profissionais da saúde com cautela. Numa ida ao postinho da comunidade ela descobrira, aos seis meses de gravidez, que todo o processo corria risco devido à sua obesidade — quase um quarto das brasileiras na faixa etária de Géssica padece desse problema. Todavia, saber que existe mais gente passando pela mesma complicação não é de todo um alívio, tendo pouca utilidade na busca por soluções. A obesidade durante a gravidez exige acompanhamento frequente, pois aumenta a chance de abortamento, trombose, hipertensão, doença cardíaca degenerativa, intolerância a glicose, deficiência de vitamina D. E, para o bebê, talvez o pior: crescimento fetal excessivo. Receber uma notícia dessas não foi nem um pouco fácil. A sorte é que o encaminhamento para o Hospital Geral de Bonsucesso foi imediato, assim como o atendimento. Dali em diante, as etapas finais se deram já sob os cuidados dos médicos daquele complexo hospitalar que desde 2009 se chamava Hospital Federal de

Bonsucesso, mas cujo novo nome o povo ignorava e continuava a identificá-lo pelo antigo.

Embora o tratamento médico ali fosse excepcional, a rotina do lar fora abalada por um súbito desemprego de Jorge, o que durou pouco, sim, mas tempo suficiente para afetar a sanidade de Géssica durante a gestação. Enquanto ele vagava pela Zona Norte em busca de um sustento, ela e a sogra iam semanalmente ao hospital, minguando pouco a pouco as reservas financeiras. A ajuda de familiares chegou e foi muito bem-vinda. Apesar de ninguém em ambas as famílias viver em opulência, os trocados serviam para o transporte. Havia ali um paradoxo: uma grávida obesa não pode usufruir de tanto descanso quanto uma de peso saudável, pois o sedentarismo pode complicar ainda mais o que já é arriscado; no entanto, o esforço excessivo e o desconforto exacerbado tampouco fazem bem ao bebê. Nesse período, Géssica descansava demais quando em casa e se exauria sempre que ia ao hospital.

Sorte que Jorge arranjou um emprego no último mês e meio da gestação.

■

Cedo ou tarde isso aconteceria. A dilatação cresceu para o famigerado oitavo centímetro. Estava na quinta hora e o processo acabou cedendo à natureza. É nesse instante que vem o aumento do sangramento do colo e a parturiente pode ficar agitada, nauseada — o que Géssica sentiu —, e sofrer um repuxo involuntário quando o próprio corpo tenta expelir, independentemente da vontade da gestante (algo que demorou a funcionar com Géssica, que teimava em controlar as reações físicas a ponto de tornar visíveis suas veias). Naquele momento ela sofria de sudorese mais abundante que o seu normal, fosse pelo peso ou pelo esforço contrário ao parto. A cama estava encharcada, os olhos puxados se espremiam ao fechamento quase completo. Era um inferno, mas Beatriz continuava ao seu lado, segurando sua mão, mesmo que isso significasse sentir os ossos sendo esmagados.

dezembro de 2013

— Mãe, tô grávida.

O Natal estava chegando e talvez esse fosse um bom presente, ainda que não calculado, para aquela de quem carregava o DNA e com quem compartilhava memórias ambivalentes.

— Do Jorge? — perguntou ela, seca.

— Sim, né!

O mero questionamento em torno da sacralidade de seu corpo e de seu relacionamento com Jorge tirava Géssica do sério.

— Bem, que vá morar com ele, então.

— Mas, mãe…

— Quem tem que assumir a responsabilidade é ele. Não te quero mais aqui. Vai morar com o pai do teu filho.

Géssica não quis chorar, não ficou com raiva nem rancor. Sua mãe era assim, engravidara de sua irmã mais velha na terra natal, o Maranhão, numa viagem para visitar uma irmã, e nisso decidiu deixar a criança na Terra de Encantos para ser criada pela tia. Voltou ao Rio e teve Géssica. Amava a filha, mas mais uma vez não serviu para ser mãe. Morava junto de outra irmã, que acabou se tornando a verdadeira mãe de Géssica, que era muito feliz com o contexto: tinha duas mães que a amavam muito — uma mais carinhosa que a outra, entretanto — e um pai afável, embora viciado em cocaína e, portanto, ausente por longos períodos. Família vem em formatos que não escolhemos, e ela aceitava bem isso. Fora que boa parte de seu vestuário já se encontrava na casa de Jorge, que morava com a mãe, Beatriz, e a avó, acamada e moribunda. De tanto dormir com Jorge lá, Géssica não só engravidou como ganhou uma terceira mãe e um novo lar. Mudou-se para a casa de Beatriz no mesmo dia em que avisou a mãe da gravidez. Dormiu sem estranhar, conhecia bem aquela cama.

■

O suor pendia da maca — seis horas de parto com Géssica contraindo cada fibra de seu ser para impedir a dor de evoluir. Assim, dor e desconforto só aumentavam. Onde estava Jorge?, perguntava-se ela em meio àquele cadinho de emoções, respondendo a si mesma logo em seguida: "Está trabalhando para nos garantir o sustento." Naquele momento seu corpo estava em guerra com ela. E ela se manteria assim por mais algumas horas.

outubro a dezembro de 2013

O primeiro sinal de que Géssica estaria grávida viera pelo paladar. Ela amava a comida da mãe. No entanto, como se anos tivessem se passado e seu paladar, maturado, só os pratos de Beatriz agora lhe umedeciam a boca. Como poderia a comidinha com a qual crescera tornar-se tão cinza, insossa?, perguntava-se. Continuou a comer o feijão de Beatriz com um prazer sobrenatural, deixando que a questão ficasse guardada atrás da porta dos fundos de sua mente, até que um dia decidiu não comer mais nada que a mãe fizesse e, assim, surgiu a hipótese: estaria grávida? Tornara-se sexualmente ativa havia nem 365 dias; mas também não era como se eles fossem os mais cautelosos do mundo no que se referia a métodos contraceptivos.

— Negão... Eu acho que tô grávida.

Foi recebida por um sorriso continental, daqueles que mostram até os molares. Não fazia tanto tempo Jorge dissera que queria ter um filho dela.

— Sempre quis ter filho, tu ficaria linda grávida.

E, de maneira jocosa, ela só soube responder o óbvio:

— Eu tenho dezesseis anos, nem terminei os estudos ainda, tu tá louco.

E, talvez justamente pelos instintos paternais, Jorge se prontificou a pagar o teste de gravidez. E assim pagou um, dois, três, quatro testes, sem receber qualquer notícia. A menstruação podia estar atrasada, o paladar reconfigurado e a fome expandida, mas Géssica continuaria a evitar o teste. Pegava o dinheiro e gastava com futilidades das quais nem sequer se lembrava. Se estivesse grávida, seria uma criança esperando outra.

A novela perdurou até o dia em que Beatriz a intimou. Géssica acordou na cama de Jorge, com o lado dele vazio — ele já fora trabalhar —, e se deparou com Beatriz à porta do quarto.

— Vou te dar o dinheiro e tu vai fazer o teste hoje.

A sogra era mãe acima de tudo, sabia ser carinhosa nos momentos de dor e de vulnerabilidade dos mais novos, e rígida com as irresponsabilidades deles. Géssica foi à farmácia com uma amiga.

— São seis reais — disse o farmacêutico.

Ela pagou e levou na sacola a resposta para a qual não estava preparada. Em casa, foi ao banheiro, fez xixi, esperou o tempo determinado na bula da caixinha e comentou com a amiga:

— Eu não vou nem abrir esse teste que eu já sei que tô grávida.

A amiga pegou esse fardo e, sem delongas, verbalizou o que já era evidente: Géssica estava grávida. Entre lágrimas de alegria e palpitações de medo quanto ao futuro incerto, ela, sentada no sofá da sala de Beatriz, gritou:

— Eu tô grávida!

Jorge, que trabalhava no balcão de uma farmácia da Teixeira Ribeiro, emocionou-se com a notícia talvez até mais que Géssica. Ela iniciaria 2014 longe da escola e próxima da maternidade.

■

Só na décima hora Géssica deixou que a dilatação fluísse. Opôs-se ao parto como uma guerreira, mas havia de obedecer ao próprio corpo fatigado; tudo doía e o suor escorria excessivamente pela testa e pelo supercílio, até atingir o travesseiro hospitalar. Os lábios grossos se comprimiam em bico junto ao cenho e aos olhos apertados. O parto propriamente dito estava prestes a acontecer; enquanto isso, ela ouvia as eventuais medições do médico e as falas motivacionais de Beatriz:

— Empurra! Empurra!

voltando no tempo

Eles começaram a namorar para valer quando Géssica tinha treze anos, algumas espinhas no rosto e dificuldade de domar a juba; Jorge tinha dezesseis, pouca altura e demasiado ímpeto romântico. Foi com um pedido de namoro à moda clássica, com permissão da mãe de Géssica, que tudo se oficializou e o casalzinho pôde explorar novas facetas daquela amizade com requintes de namorico. Os beijos cálidos, as mãos aventureiras a descobrir novas áreas do corpo, novas zonas erógenas. Tudo com o mais pleno respeito por parte de Jorge, criado por Beatriz para ser o homem mais cavalheiro que uma mulher poderia vir a conhecer, afastando-o da maldição de repetir os erros do pai, que os abandonou, falecendo pouco depois. Géssica e Jorge entraram nos bailes funk juntos, experimentaram bebidas alcoólicas juntos e se protegeram dos tiroteios juntos. Fizessem o que fizessem, fariam juntos, até que, enfim, Géssica propôs perderem a virgindade juntos, quando ela estava com quinze e ele, dezoito.

E muito antes de maliciarem um ao outro já eram vizinhos. Crianças desnudas de intenções sabidamente malignas, expondo-se ao outro sem receios. Havia ali uma perversidade infantil, a sexualidade própria da infância, que apenas a ela pertence, e que por ela deve ser explorada, bem como explicaram Freud e Foucault. Moravam na rua Cinco, as casas se encaravam frente a frente. Ela adorava a companhia de suas muitas amigas; ele jogava bola muito bem. Quando a articulação de frases, a capacidade de abstrair do universo pensamentos e a habilidade de levantar novas questões chegaram à plenitude, no fim da primeira infância dela, aconteceu o primeiro ato de lascívia: recebeu um beijinho na bochecha. Pueril, de modo que nenhum adulto levou a sério, permitindo-lhes guardar segredinhos do mundo e responder, a quem perguntasse se eram namorados, que não... "Por que você tá falando isso? Ela é só minha amiga, quem sabe mais..." Ela estava com seis anos, e ele, nove.

Não eram namorados, mas já namoravam.

■

Décima segunda hora, nasceu Júlia.

— Quando eu vi ela, a Júlia, pela primeira vez ali, no pós-parto, eu chorei muito, olhei pra Beatriz [...], chorei e disse: "Beatriz, ela parece com ele. Ela parece com ele." Beatriz olhou e falou: "Géssica, o que que é isso na cabeça dela?" Aonde o médico ia, Beatriz ia atrás. O médico respondeu: "Não é nada não, é normal, é só cabelo." Júlia tinha muito cabelo, você não faz ideia. Ela tinha 3,855 quilos e 53 centímetros; a maior do quarto [em] que eu fiquei. Eu estava na última cama, e os outros, quando iam visitar as pessoas, nos viam e falavam: "Meu Deus, olha aquele bebê grandão lá atrás e olha aquele tanto de cabelo." Ela já nasceu uma índia.

2. O coroinha e o aspirante

9 de março de 1954

Um corpinho miúdo, aquecido, de olhos de mirtilo e apertado contra os seus seios, envolto no ninar dengoso de seus braços. Haveria no mundo sensação melhor que aquela?, perguntava-se Modesta Chavarry Duarte. Em seu colo estava o recém-nascido Pedro Chavarry Duarte. Era o primeiro da linhagem e, provavelmente, quem mais atrairia atenção para aquele sobrenome. Modesta o tratava com tanto afago que quase assustava o marido, Nilton Campos Duarte. A verdade é que ela era uma mulher necessitada de calor humano, carente de berço e em busca de alguém com quem dividir o amor que a consumia. Tinha-o agora.

Modesta nunca soube precisar a origem de seu sobrenome, não se lembrava do rosto da mãe, tampouco da voz do pai. Nasceu no Rio de Janeiro em novembro de 1930 — no mesmo mês em que Getulio Vargas tomou o poder na então capital do Brasil — e perdeu a mãe, Clotilde Chavarry Dias, logo na primeira infância, sendo mandada para morar na casa de uma tia paterna por seu pai, Francisco José Dias, que morreria logo. Chegou a conhecer um ou outro irmão de sangue, mas tinha dificuldade de nutrir uma relação com eles, já que passava a maior parte do tempo esfregando o chão e fazendo a comida da tia; provavelmente via-se como uma Cinderela fluminense. Sabia pouco da história de sua família. Ouvira falar que seu sobrenome era basco e devia ser mesmo: Chavarry é uma corruptela de Chavarrie, Chavarria ou Chavarri, de origem espanhola — e os bascos se dividem entre parte da Espanha e parte da França, num território nomeado País Basco. A partir de 1890, houve um intenso fluxo de espanhóis para o Brasil, e entre eles vieram alguns com esse sobrenome, a maioria descendo no porto do Rio de Janeiro, onde hoje estão as famílias Chavarri. É provável que o sobrenome de Modesta, com y no final, seja fruto de erro de cartório por culpa de sua avó materna, de quem herdou o nome mas que não conheceu.

Apesar de ter crescido maltratada pela tia na humildade dos subúrbios da Zona Norte, sua mãe e sua avó haviam vivido com um pouco mais de opulência e renome, principalmente quando Adélia Chavarry Gomez, uma tia materna de Modesta, com quem nunca teve contato, casou-se com Paulo Kieffer Filho, primogênito de Paulo Kieffer pai, um dentista parisiense que se formou médico no Brasil no final do século XIX, oriundo das migrações francesas, mais bem assimiladas no país que as de outras nacionalidades. A festa de casamento foi um sucesso estrondoso, ganhando três parágrafos na coluna social do *Jornal do Brasil* de 20 de abril de 1925. Mas nada dessa bonança sequer tangenciou o espírito esfalfado e extremamente religioso de Modesta Chavarry. Ela somente encontrou alívio quando iniciou um romance com Nilton, homem rústico ao modo da época, dedicado ao labor. E, num simples deslize, tudo mudou: a menstruação não vinha mais e de repente estava grávida. O deslize se mostrou conveniente: servia de desculpa para escapar da casa da tia e ainda lhe dava a oportunidade de talvez suprir sua carência extrema. Modesta e Nilton ganharam permissão para casar-se em setembro de 1953, seis meses antes do nascimento de Pedro. Tiveram mais três filhos, basicamente um por ano: César, Paulo e Cristiana, em ordem de nascimento.

1960 a 1970

A família fez da avenida dos Democráticos, em Bonsucesso, na Zona Norte, seu lar. A via era uma pintura torta de casebres modestos e prédios de, em média, três andares, com calçadas que craquelavam cada vez que uma raiz de árvore queria crescer e a prefeitura não se dispunha a cuidar, além de ter diferentes acessos para áreas mais pobres — como a favela de Manguinhos, assim nomeada em 1981 e cuja principal entrada seria pela Democráticos. Aquela avenida era um exemplar perfeito de subúrbio carioca. Isso significava que as crianças não teriam uma infância de bonança, tampouco de miséria; cresceriam em meio à heterogeneidade da população local. A molecada se entregava às ruas em brincadeiras que se estendiam para além do crepúsculo, sempre dilatando o tempo em mais uma horinha aqui e ali, a fim de concluir mais uma partida de pelada.

Porém, enquanto seus irmãos socializavam com os jovens do bairro, Pedro, influenciado pela religiosidade da mãe, dedicava-se aos conhecimentos clérigos — o único da família a fazê-lo, já que os irmãos nem sequer frequentavam a missa. Lia a Bíblia regularmente e logo virou coroinha na Paróquia Nossa Senhora do Bonsucesso, numa transversal da Democráticos. Nessa época era um jovem de poucas palavras, muito apegado a Modesta, que se dedicava de corpo e alma ao filho, gerando certo ciúme entre os irmãos, que, com o tempo, aprenderam que o primogênito sempre seria o favorito. E, quando não estava enfurnado em seu quarto, estudando teologia cristã, nem no colo de Modesta, Pedro podia ser encontrado vagando com os amigos íntimos: pessoas mais velhas, algumas da igreja, outras da escola e outras tantas de ciclos sociais com os quais seus irmãos tinham zero contato. Aos olhos da mãe, ele era um rapaz maduro; mas há quem desconfie que essa experiência de homenzinho prematuro o transformaria para sempre.

Fosse como fosse, não era bom aluno. Da primeira à quarta série, sua maior nota foi um mísero oito — primeiro e único que recebeu no ensino fundamental. Embora se apresentasse como inteligente e precoce, estava aquém dos irmãos no desempenho escolar, reservando seu brilho somente para a Igreja Católica, onde, entre outras coisas, aprendeu a respeitar autoridades e até a gostar do senso de poder que lhe dava o ato de ajudar os mais necessitados. Escrevia, porém, por linhas mais tortas que aquelas pelas quais Deus supostamente escreve.

No quesito físico, Pedro se tornou um adolescente de feições abundantes: tinha o nariz alongado e levemente reclinado, as bochechas de balão, que comprimiam os lábios num bico de passarinho; e, em contraste com a expressão carrancuda, mantinha uma jovial cabeleira lisa de caimento abaixo do rosto, próximo do ombro. Era uma mistura de passarinho com Beatles, inclusive vestia-se como os integrantes da banda, na época em que eram um quarteto de roqueiros engomadinhos.

1973 a 1976

Pedro parecia cada vez mais atraído pelo agridoce misto de poder, status e bom-samaritanismo; assim, ninguém se surpreendeu quando ele decidiu que entraria para a PMERJ. O Brasil estava em plena ditadura militar, no penúltimo ano do governo de Emílio Garrastazu Médici, que comandou o apogeu da ilusão do *milagre econômico* — período em que a economia cresceu de forma desenfreada, o país recebeu a TV em cores e a renda se concentrou na mão das elites de modo exponencial. Médici era um presidente tão popular quanto violento, um caçador de guerrilhas e resistências, autor de uma das frases mais cínicas na história do país, proferida desde 1970: "A economia vai bem, mas o povo vai mal." Pedro queria entrar para esse mundo de militares e políticos não pelo aval para a truculência, e sim pelo status e a possibilidade de ajudar o próximo, mesmo que de dentro da instituição que mais representava a repressão de todo dia. O ano em que entrou para o Colégio da Polícia Militar, 1973, foi também o ano em que a equiparação salarial entre as polícias e as Forças Armadas estancou de vez, fato que se tornaria central em sua biografia, caracterizada pelo desejo de reconhecimento por seus pares.

Pedro iniciou a carreira com uma pequena turbulência: foi reprovado no exame de eletroencefalograma. Por breve período, temeu ser maluco; a reprovação poderia revelar um problema neurológico ou psiquiátrico e, portanto, uma ida para o manicômio. Ele pouco refletiu realmente sobre o que significaria aquele resultado. Submeteu-se novamente ao exame, recebendo os eletrodos no couro cabelo com a pasta condutora, que ajuda na corrente dos sinais elétricos, e esperou os vinte minutos de praxe. Por alguma razão desconhecida dessa vez foi aprovado, notícia que recebeu com um sorriso tão grande que poderia explodir a face.

Faltava muito para se tornar aspirante, mas estava no caminho: era o terceiro colocado na prova de seleção para o curso preparatório, com uma belíssima nota 8,23. Falhou, contudo, em manter a qualidade acadêmica; bastou ser aprovado para as notas voltarem à mediocridade dos tempos escolares, numa decadência quase concomitante com a própria entrada na corporação. Permaneceu gravitando ao redor da nota 7, muito aquém das expectativas dos superiores.

Sua salvaguarda era o esforço em manter a pose e a condição respeitável: fez-se um homem brincalhão, divertido e agradável de se estar por perto, bem mais falante que o coroinha pregresso. Chavarry era muito inteligente, proativo, ajudante de ordem do Comando-Geral, lembra hoje um antigo colega de turma, o coronel Jorge Braga. Todo mundo se dava bem com Pedro, que, em 1976, foi nomeado presidente da Sociedade Acadêmica da Escola de Formação de Oficiais da Polícia Militar do Estado do Rio de Janeiro, reafirmando sua sedução por posições de destaque e seu empenho em pintar uma imagem de intelectual — o que acabou funcionando.

1977 a 1981

Era junho de 1977 e o tenente-coronel José Zacharias da Costa Soares estava animado com as possibilidades. Havia pouco tempo ascendera a comandante do 4º Batalhão da Polícia Militar num dos bairros historicamente mais relevantes do Rio: São Cristóvão, lar do Centro Municipal Luiz Gonzaga de Tradições Nordestinas, montado num grande pavilhão em uma versão mais modesta do que hoje, mas já com o mesmo nome do bairro. Era praticamente a porta de entrada para a Zona Norte. O 4º Batalhão fora escolhido para ser diferente dos outros: menos truculento, menos violento e mais próximo da comunidade. Obviamente, não se tratava de benevolência divina, mas de política.

A polícia do Rio de Janeiro, sob o guarda-chuva do estado de exceção, instava por uma mudança de imagem, mesmo que artificial. Fazia mais de uma década os moradores de subúrbios e favelas vinham reclamando seus direitos — estima-se que entre 1968 e 1975 mais de cem mil pessoas foram expulsas de seus barracos pela polícia sob alegações diversas. Assim, o 4º BPM passou a agregar policiais com perfil social e, nesse fluxo, em dezembro de 1976, seis meses antes da chegada de José Zacharias, entrara no destacamento Pedro Chavarry Duarte, jovem beatíssimo, cria da Zona Norte, com perfil intelectual e de porta-voz.

■

Aquela era a festa para comemorar a chegada de José Zacharias ao 4º BPM, em junho de 1977. Realizada nas instalações do batalhão, a solenidade começou com uma palestra do comandante, que visava esclarecer sua índole para proteger a comunidade, afirmando-se um homem bom rodeado de outros melhores ainda. Para tanto, expôs trabalhos artesanais de alunos das escolas públicas do bairro. "Do que vocês precisam?", perguntara às diretoras das escolas semanas antes. Elas fizeram suas respectivas listas e ele providenciou a matéria-prima para que a juventude de São Cristóvão pudesse se expressar artisticamente; assim, começou seu comando com o pé direito.

Após a palestra, numa sala do batalhão, serviu almoço à comunidade, em especial aos comerciantes e industriais. Por trás da organização de todo aquele cerimonial, havia a mão de Chavarry, cuja tarefa lhe fora dada por Sotero de Menezes, comandante-geral da PMERJ à época. Chavarry era aspirante e já organizava o principal evento do batalhão em que estava alocado, destacando-se pela atenção reservada aos detalhes, como as flores tropicais dispostas nas mesas. A cerimônia ficaria registrada no *Jornal dos Sports* — era a primeira aparição de Chavarry na imprensa.

E, se já era benquisto pelos de sua turma, foi premiado com a admiração dos homens de São Cristóvão, em especial de um major deveras crítico da ditadura: Paulo Ramos, um sujeito branco, de pele bronzeada e dono de um inconfundível bigode sobressalente. Ele entrou na corporação em 1963, um mês antes do golpe militar. Tinha afinidade com o lado canhoto da política desde sempre, o que, naturalmente, despertava desconfiança de colegas e superiores apoiadores do fim da democracia e o aproximava de movimentos de policiais dissidentes. Começou a se organizar politicamente em 1968, quando passou a guardar cópias de papéis sigilosos da ditadura, a escrever artigos contundentes em panfletos e jornais proselitistas e a manter a tradição de dar aos colegas um presentinho diferenciado no Natal. Chavarry receberia o seu presente na véspera natalina daquele 1977, quando organizou mais um evento.

Conforme relatou o *Jornal dos Sports*, para festejar o nascimento de Jesus Cristo no 4º BPM, Chavarry contratou um show que contou com a participação de palhaços, mágicos, malabaristas do Circo Zé Preá, além de artistas de rádio e televisão, entre os quais Lilico, Carminha Mascarenhas, Fernando de Souza, Odaí de Sousa e os Meninos da Mangueira. A imprensa foi recebida com um coquetel. Na mão dos colegas de corporação, naquele dia, estava o presente do major Paulo Ramos — um folheto em que mandara imprimir o seguinte trecho: "*Artigo I. Todos os seres humanos nascem livres e iguais em dignidade e direitos. São dotados de razão e consciência e devem agir em relação uns aos outros com espírito de fraternidade; Artigo II. Todo ser humano tem capacidade para gozar os direitos e as liberdades estabelecidos nesta Declaração, sem distinção de qualquer espécie, seja de raça, cor, sexo, idioma, religião, opinião política ou de outra natureza, origem nacional ou social, riqueza, nascimento, ou qualquer outra condição.*"

Nada diz "Feliz Natal" como a impressão e distribuição da Declaração Universal dos Direitos Humanos, de 1948, brincava o major Paulo Ramos, que usava de qualquer oportunidade para provocar a ditadura e seus apoiadores. Bem, ele não estava errado. Jesus provavelmente aprovaria a sua atitude. E, quem sabe por concordar com o major ou por ser um visionário político e perceber a decadência iminente do regime militar, Chavarry encantou-se por Paulo Ramos e foi se aproximando, desenvolvendo com o tempo um amor fraternal pelo colega. Formado em direito, Paulo já era conhecido por esse tipo de provocação, mas se tornaria famoso nos anos 1980, aparecendo em jornais e em julgamentos da corporação para depor em favor de praças injustiçados. Nessa trilha política, Chavarry o defenderia sempre que necessário e vice-versa, não importando a acusação.

∎

Na segunda metade dos anos 1970, Chavarry ouviu falar de uma organização que unia as duas coisas mais importantes de sua vida: a polícia e a espiritualidade. Tratava-se da Irmandade de Nossa Senhora das Dores, uma instituição sem fins lucrativos da PMERJ. Sua função consistia, basicamente, em coordenar ações de cunho social, angariar capital político para a corporação por meio de eventos públicos com figuras ilustres e gerir a capela homônima, consagrada em 1861, após mudar de nome — até então se chamava Nossa Senhora da Soledade. A capela é charmosa, mas historicamente carece de recursos para conservar sua arquitetura neogótica. Por isso o interior da nave é remendado por pinturas e repinturas feitas a cada ano com menos dinheiro e pior qualidade, lembrando as rudimentares artes sacras paraguaias — que fazem muito mais sentido lá, na terra guarani, que numa capelinha no Centro do Rio de Janeiro. Foi ali que Chavarry se reencontrou consigo mesmo e, em 1978, entrou para o clube dos senhorzinhos de maioria branca que compõem a Irmandade, embora tivesse apenas 24 anos. Entretanto, seu nome era muito mais uma assinatura sem face que uma manifestação física, pois demoraria alguns anos para que ele se tornasse membro ativo, sendo, até então, apenas um devoto da missa das terças-feiras.

Concomitantemente à realização espiritual, conheceu uma mulher que, embora não tivesse o mais belo rosto nem o mais intenso ímpeto de viver, partilhava do desejo dele por subir na vida, conquistar a independência e, quem sabe, o mundo. Foi assim que Rosane Duque Estrada adicionou em cartório mais dois sobrenomes em 1981: Chavarry e Duarte. Dado esse passo tão importante, o consecutivo soou natural e o casal financiou pela Caixa Econômica Federal um apartamento em Bonsucesso, na rua Cardoso de Morais, número 350, suficientemente perto da família, dos amigos, do trabalho e de futuros sócios nas investidas de Chavarry em forçar a galgada ao panteão dos ricos. Em menos de vinte anos já estariam morando na Barra da Tijuca, bairro na Zona Oeste de classe média e alta, a terra prometida para onde se estabelecem muitas famílias como a dele quando conseguem emergir socialmente.

Enquanto essa parte da vida não chegava, Rosane foi se integrando aos Chavarry Duarte com certo sucesso, recebendo um carinho por parte da sogra — que fugia dos estereótipos e se esforçava em roubar sorrisos das noras — com o qual não estava acostumada. A única pessoa não tão afeiçoada a Rosane era o sogro, Nilton, que, defensor da ideia de que só o trabalho dignifica o homem, julgava que ela se esforçava pouco na vida, ou que simplesmente seu desempenho estava muito aquém do que seu pequeno Pedro merecia.

Nada disso incomodava o ex-coroinha aspirante, porém. Havia tanto a ser conquistado... Os feitos no setor de relações públicas e comunicação do 4º Batalhão lhe renderam elogios do comandante em boletim oficial: *"Pelo desempenho, eficiência e dedicação, colaborando para o êxito e brilhantismo das festividades levadas a efeito nesta UOp, alusivas ao dia da Criança e ao 68º aniversário do BTL, proporcionando uma perfeita integração com as autoridades militares, junto às Escolares, a comunidade local, dando mostras visíveis do amor corporativo, que existe em cada um [...]."* Tamanha deferência o havia catapultado, em 1980, meses antes de se casar, ao Estado-Maior, em que passaria a substituir temporariamente superiores afastados de seus cargos. Para alguém de tão baixa patente, sentar-se em cadeiras reservadas a capitães era como esperar em fila pela bênção do imperador. Até que a bênção, por fim, veio, na forma de versos elogiosos do comandante-geral da PMERJ, Sotero de Menezes, também em boletim: *"Oficial jovem, dotado de grande discrição e discernimento, demonstrou elevado preparo profissional, que o distingue no meio dos seus pares."*

■

Logo Chavarry colheria os frutos da construção minuciosa de sua imagem e da dedicação em alma à corporação: seria escolhido para comandar o posto da Rodoviária Novo Rio, o principal terminal do Rio de Janeiro, localizado na região central da cidade. Esse posto, por sua posição estratégica, já servia, naturalmente, de palco para a polícia. Mas, a partir de 1982, quando começou a receber mulheres da primeira turma feminina da Polícia Militar, passou também a dar a Chavarry uma chance de se exibir para elas como progressista e atento às questões sociais e políticas do momento. Tentou e conseguiu ganhar uma bolsa de estudos na Faculdade de Direito da Universidade Gama Filho, centro de ensino particular na Zona Norte que nessa época chegava a ter trinta mil alunos, vivendo o apogeu que, décadas mais tarde, viria a soar como um sonho distante, quando acabaria descredenciada em 2014 pelo Ministério da Educação. A entrada na faculdade, que logo concluiria, lhe parecia sua redenção intelectual, o que não passou despercebido a seus superiores.

3. O tenente e o político

abril de 1982

Suspeito. Rosto jovem à sombra do boné; camiseta de manga comprida, larga, abafada para o dia, em que o sol fazia da terra um forno a lenha; parado contra a parede, observando transeuntes lenta e detalhadamente; a mão mofando no bolso da calça jeans. Eliane Amorim o observava com discrição e cautela — era seu primeiro mês de trabalho e não queria decepcionar o segundo-tenente Chavarry, seu comandante no destacamento da Rodoviária Novo Rio, sob o guarda-chuva do 4º BPM de São Cristóvão. Oriunda da primeira turma de mulheres da Polícia Militar do Rio de Janeiro, formada em 17 de março daquele 1982, sentia a gravidade de ter todas as suas ações analisadas e expostas. Todas as formandas foram alocadas em áreas de visibilidade — o Aeroporto Santos Dumont e o bairro de Copacabana, por exemplo, receberam muitas policiais. A estratégia atendia aos crescentes anseios da PMERJ de passar para a população uma imagem mais progressista de si mesma, ainda que a truculência não tivesse cessado nem o regime militar acabado. E ali estava Eliane, sob pressão, para provar que as mulheres fariam jus ao uniforme, ao coturno e à longínqua história de uma instituição que, em seu museu, no Centro, vangloriava-se dos tempos áureos em que não era responsável somente por defender o estado mais visitado do Brasil, mas também os interesses do país como um todo e, em épocas mais remotas, a própria Coroa portuguesa.

O rapaz se escamoteou pela multidão; Eliane seguiu a sombra. Turistas rodopiavam à procura da saída do prédio, nem sempre fácil de achar naquela rodoviária tão grande, quadrada por fora, encurvada por dentro e confusa num geral — uma filha do governo Carlos Lacerda nascida em 1965, quando o estado se chamava Guanabara. Malas de rodinhas crepitavam em consonância, taxistas ditavam seus *táxi táxi táxi Novo Rio* intermitentes e digladiavam-se por clientes, com preferência pelos pueris, que não perceberiam aqueles quilometrozinhos a mais rodados aqui e ali. Vendedores de quinquilharias se esforçavam para não serem notados pela polícia, que, certamente, apreenderia seus produtos assim que os visse. Em meio ao tumulto, um dos muitos turistas desatentos chamou a atenção do jovem em que Eliane estava de olho. Em seguida, ela viu se desenrolar diante de si o seguinte diálogo:

— Esse dinheiro é seu? — perguntou o turista ao jovem, mostrando--lhe uma sacolinha de notas que caíra do bolso do rapaz.

— Que bacana! Você achou o dinheiro e devolveu — surpreendeu-se um terceiro homem, que vinha logo atrás do turista.

— É meu, sim! Valeu mesmo, cara! — agradeceu o jovem. — Eu nem sabia que tinha deixado cair. O mundo precisa de mais pessoas como você e...

Antes que o diálogo continuasse, Eliane apareceu e encarou o trio; era o "golpe do paco", um dos mais recorrentes naqueles anos. No estilo clássico, dois estelionatários procuram por alguém que tenha acabado de sacar dinheiro num caixa eletrônico, em geral um turista, ou que, por algum motivo, tenha sido visto com várias cédulas. Fingem então que não se conhecem e que um deles acabou de perder um saco de notas — falsas —, enquanto o outro se passa por mero transeunte que presencia a cena do turista achando a grana no chão e tentando devolvê-la a quem perdeu. Assim que o dinheiro é devolvido, o homem que vem logo atrás exclama algo que dá credibilidade à situação, geralmente demonstrando estupefação com tamanha bondade. Em agradecimento, o estelionatário que teria perdido a sacolinha propõe uma recompensa ao turista:

— Você pega o saco de dinheiro e fica com ele até amanhã para garantir que vá ao endereço que vou passar, em troca, me dá tudo que tem na carteira, para ter certeza de que estamos fazendo uma troca justa, mas somente até amanhã.

Por alguma razão, turista ou não, as pessoas aceitavam essa estranha proposta e davam tudo que tinham no bolso. Junte esse golpe a furtos e batedores de carteira e você terá a rotina matinal de Eliane, que, no fim das manhãs, estava molhada de suor tanto pelo esforço físico quanto pelo esforço mental despendido para perceber crimes tão discretos como aquele. Os estelionatários em questão, ao verem a policial, correram como duas galinhas, intocáveis, deixando o turista confuso como uma criança que não compreende a fúria da mãe só porque aceitou doce do velhinho da esquina.

Depois de mais algumas horas assessorando viajantes, Eliane ia para casa para comer, se arrumar e seguir para a faculdade, onde cursava ciências sociais à noite. A certa altura, ela desistiu de investir nos estudos, embora ainda se sentisse atraída pelo campo acadêmico.

— Você é muito esperta, garota, vai se sair bem aqui — dizia-lhe Chavarry, que naquela época vinha nutrindo um bigode negro, talvez inspirado pelo amigo e ídolo, o major Paulo Ramos.

Chavarry gostava que seus policiais fossem pessoas estudadas, inteligentes. Tinha orgulho da novata e expressava isso sem vergonha; era carinhoso como um pai e sensível às necessidades de sua prole como uma mãe. As mulheres destacadas ali se apaixonaram pelas sutilezas do homem que as defendia contra os comentários machistas proferidos na própria rodoviária e por trás dos muros imponentes e de inspiração neoclássica dos quartéis da Zona Central do Rio de Janeiro.

15 de novembro de 1982

As eleições de 1982 trouxeram duas novidades à política fluminense: Leonel Brizola como governador e o inestimável antropólogo Darcy Ribeiro, autor de *Os brasileiros: teoria do Brasil*, como vice. Desde 1979 o ditador João Figueiredo vinha trabalhando numa morosa, e por vezes impalpável, abertura do país para os valores democráticos. As ações dos militares estavam cada vez mais escrachadas e deploráveis, expondo ano a ano a decadência do regime. Nesse sentido, um dos episódios mais escandalosos foi o atentado ao centro de convenções Riocentro, na Barra da Tijuca, o segundo maior da América Latina: em 30 de abril de 1981, uma bomba explodiu no colo do sargento Guilherme Pereira do Rosário, matando-o e ferindo o capitão Wilson Machado, que conduzia o veículo em que estavam. Eles cumpriam uma missão arquitetada pelos setores mais à direita do regime, insatisfeitos com a reabertura democrática que se iniciava — estavam ali para plantar duas bombas durante um show em homenagem ao Dia do Trabalho que atraíra cerca de vinte mil pessoas ao local. A ideia era depois culpar a esquerda pelo ato terrorista.

Uma das bombas, que deveria interromper o fornecimento de energia elétrica, explodiu a alguns quilômetros dali, não feriu ninguém e não cortou a luz. A outra bomba não chegou a ser colocada em lugar nenhum; explodiu no carro em que estavam os dois militares a serviço. Ainda assim, o governo culpou a esquerda pelo atentado, uma mentira que acabou fortalecendo a ojeriza à ditadura até mesmo por setores da sociedade que a apoiaram inicialmente, como a classe média conservadora. As eleições gerais de 1982 selariam então um suposto compromisso de Figueiredo com o retorno da democracia (segundo a imprensa, porém, ele sabia do plano do atentado e não o teria impedido). Foi a primeira eleição direta para governador desde o golpe militar de 1964, e seu saldo foi mais do que positivo para a esquerda, principalmente ao eleger Brizola, com seu "socialismo moreno", para comandar a antiga capital brasileira.

Brizola contabilizava 35 anos de carreira política. Gaúcho de Cruzinha, que pertencera a Passo Fundo até 1931, começou como simpatizante do político Getulio Vargas, aliado a sindicalistas, e foi eleito deputado estadual em 1947 pelo Partido Trabalhista Brasileiro. Em 1950, casou-se com a irmã de João Goulart, que viria a ser presidente do Brasil. Brizola subiu de patamar ao ser empossado deputado federal pelo PTB, quando começou a engalfinhar-se com Carlos Lacerda. Não chegou a completar o mandato, deixando a cadeira no Congresso Nacional para ocupar a de prefeito em Porto Alegre em 1956. Nem nessa ele se sentou por quatro anos, projetando-se a governador do Rio Grande do Sul. Seu governo, que começou em 1959, foi a vitrine de sua capacidade de gestão, principalmente pelas realizações no âmbito da reforma agrária e da educação, mas também pela eficaz interferência estatal na economia local. Por fim, fez-se deputado federal novamente, em 1962, só que dessa vez como representante do estado da Guanabara e da esquerda radical.

Mal chegou a um ano de mandato quando, em 1964, teve as asas cortadas e a esperança usurpada pelas ditas *forças ocultas* que impuseram a ditadura militar. Exilou-se nos pampas uruguaios, a primeira opção possível para um caudilho gaúcho como ele, e lá esteve acompanhado do cunhado, até ser expulso do país e seguir para Lisboa. João Goulart mudou-se para a Argentina, onde morreria em 1976 sob a suspeita de muitos de que teria sido envenenado.

Com a Lei da Anistia, em 1979, Brizola pôde voltar ao Brasil, onde logo tentou reorganizar o PTB. Mas o controle da sigla estava sendo disputado também pelo grupo trabalhista liderado pela jornalista Ivete Vargas, que venceu a contenda em maio de 1980 por decisão do Tribunal Superior Eleitoral. Só restou a Brizola criar outra sigla, o Partido Democrático Trabalhista (PDT), para sempre à sua sombra. Em 1982, alçou-se ao cargo de governador do Rio de Janeiro, após um processo eleitoral padecido de tentativas de fraude nas urnas, cujo objetivo era eleger o opositor Moreira Franco, do Partido Democrático Social (PDS), fundado em 1980 como sucessor direto da Arena, partido oficial da ditadura. A vitória de Brizola, com 34,17% dos votos válidos, era o maior sintoma visível das fissuras do regime.

Em campanha, Brizola contou com o apoio de mulheres e negros, grupos identitários que vinham se sentindo escanteados pelos movimentos de esquerda, como bem conta o pensador afro-brasileiro Abdias do Nascimento em seu relato autobiográfico: "*No exílio, encontrei Brizola, conversamos sobre a fundação do PDT; ele me ouviu bem, entendeu e botou em prática questões relacionadas aos afro-brasileiros [...]. No interior do PDT, criaram uma Secretaria do Movimento Negro. Brizola queria promover candidatos negros.*" Abdias chamava a atenção, entretanto, para o fato de que o PDT, embora mais progressista que a média dos partidos, não se isentava de racismo, já que havia resistência aos negros em sua cúpula. Bem ou mal, era uma organização política brasileira, não podendo escapar dos preconceitos e das atitudes discriminatórias que assolavam a sociedade. A simpatia de metade da esquerda tradicional já estava conquistada, a outra metade ficara com o Partido dos Trabalhadores, um inimigo-amigo do PDT fundado em 1980.

Contudo, um dos apoios mais improváveis foi fundamental para a eleição do candidato gaúcho: o dos policiais militares, esperançosos de que ele cumprisse a promessa de equiparar seus salários aos das Forças Armadas. Posteriormente, as esquivas de Brizola para com essa pauta despertariam a fúria das massas organizadas da PMERJ, lideradas pelo major Paulo Ramos, até então apoiador do político.

janeiro a outubro de 1983

O aviso de que era "a última chamada para Curitiba", a das catorze horas, ecoava na Novo Rio por entre os passageiros desesperados. Nesse momento, um rapaz despontou do interior da rodoviária em direção à plataforma de embarque. Corria de modo desengonçado; estava atrasado; ficara retido na revista feita pelo funcionário com o detector de metais recém-adquirido; a fivela do cinto atiçara o chiado da máquina, causando um leve desconforto aos ouvidos dos passantes. Após o mal-entendido, o rapaz pegara a mochila e o rumo do ônibus.

— Deu sorte. Ia sair sem você — anunciou o motorista, ríspido e já ao volante, ao vê-lo entrar.

O jovem calçava um par de botas incômodo. Podia ser que o sapato fosse novo, ainda rijo demais para os pés, ou de tamanho inadequado. Sentou-se num banco do fundo, mirou a bota e ameaçou tirá-la, mas lembrou que não podia. Recuou, esticou o pescoço para trás, abriu a cortina da janela e esperou.

O ônibus deu ré, entrou na avenida Rio de Janeiro, seguiu por menos de um quilômetro e avançou pela avenida Brasil, fluindo por metade dos seus quase sessenta quilômetros da artéria aorta da capital. De começo: trânsito intenso, com calor profundo refletido no asfalto e nuvens se carregando lentamente; vendedores ambulantes passavam pelos corredores de moto, oferecendo água a preço de fábrica, doces para os pequeninos e salgadinhos para os que não tinham almoçado. Os carros iam diluindo no horizonte e as favelas subindo. Barracos de retalhos de madeira somados a outros de MDF pendiam sobre áreas de Mata Atlântica ainda fechadas, no topo dos morros, como se um casaco de festa junina se infiltrasse por entre as árvores, substituindo o verde vivaz por um marrom moribundo. De cima para baixo, a discrepância entre a classe baixa e a classe miserável chocava os viajantes de primeira viagem, iludidos pelo slogan de Cidade Maravilhosa. O púrpuro das entradas lamacentas das favelas e o laranja dos tijolos se tornavam hipnóticos a longo prazo; cedo ou tarde, o forasteiro perceberia: nem todo mundo é abraçado por Cristo. E, quanto mais adentro da avenida Brasil, mais destroços de civilização se viam, até, por fim, o ônibus imergir na Rodovia Presidente Dutra, onde as comunidades eram menos concentradas, com baixa densidade populacional — pequenos vilarejos em meio ao bucolismo dos montes verdes.

Na altura do município de Queimados, o rapaz se agachou, retirou da bota uma pistola, levantou-se e caminhou até perto do motorista, de onde falou alto:

— Senhoras e senhores, desculpe incomodar esta bela viagem de vocês, mas isso aqui é um assalto.

Os passageiros arregalaram os olhos, eram gatos assustados pelo uivar da noite. O rapaz abriu a mochila e foi recebendo, de cada passageiro, o que se tornou seu por mérito: anéis, alianças, carteiras, dinheiro, relógio, além de ir colocando outras mochilas no braço. Ao voltar para perto do motorista, deu duas cutucadas no ombro dele com a pistola e exigiu:

— Me deixa aqui no Posto Zé do Pipo.

O motorista nem terminou de parar o carro e ele pulou fora, desvanecendo em meio à mata como se mera assombração fosse. Não era o primeiro nem seria o último assalto em estrada naquele ano.

O secretário da Associação Nacional das Empresas de Transportes Rodoviários tinha um adjetivo para a situação: absurdo. Reclamou ao *Jornal do Brasil*: "*Revistaram o rapaz e o detector não apontou a arma que ele levava dentro da bota.*" Acrescentava que o governo não se dispunha a solucionar o problema e que pouco adiantava adquirir novos detectores de metal se eles viriam a falhar de qualquer forma. Entre janeiro e outubro, ocorreram mais de cem assaltos a ônibus de viagem, sempre entre o quilômetro zero e o quilômetro 35 da Via Dutra.

E, quando o assunto era segurança na Rodoviária Novo Rio, um dos principais alvos de críticas era Pedro Chavarry Duarte, responsável pelo setor. Sua grande experiência com eventos e relações públicas não o havia preparado para tamanho revés. Era um homem de ideias, não de ações. Misturou as duas coisas e regurgitou uma explicação capenga para os jornais:

— Temos sete detectores. Não é possível revistar todos os ônibus.

Todavia, a realidade era ainda mais deprimente: revistavam-se quase unicamente os ônibus interestaduais do trecho Rio de Janeiro-São Paulo, ignorando-se o resto. E, sendo realista, aumentar o número de detectores de metal e de revistas não ajudaria muito; metade dos bandidos nem sequer entrava armado, eles tinham cúmplices que subiam a bordo com o artefato nas primeiras paradas. O ano de 1983 foi o *knockdown* aveludado de Chavarry, que fraquejou das pernas nos *rounds* finais. O começo excepcional na corporação foi manchado pela inaptidão para lidar com situações complexas.

1984 a 1988

Ser preso por colegas de corporação pode parecer demérito para alguns, mas não para os oficiais que se dispunham a ir quase semanalmente às assembleias clandestinas do Clube dos Oficiais, presidido à época pelo major Paulo Ramos, cujo vice e braço direito era o tenente-coronel Themístocles Germano Muniz Filho. Uma dupla imbatível. A reivindicação era a seguinte: equiparação salarial com as Forças Armadas, conforme prometido por você, Brizola. E a resposta, bruta e ineficaz: prisão para os participantes, prisão para os comandantes, prisão para os que coordenaram tamanha falta de respeito para com as autoridades e a hierarquia militar. Paulo Ramos já havia sido preso outras vezes, em outros governos, mas, mesmo sem admitir, era-lhe doloroso ser posto como opositor do caudilho, porém, o que haveria de fazer? Ao seu lado, Chavarry ocupava o cargo de diretor de comunicação social do clube.

Em contraste com o fiasco de sua gestão na Rodoviária Novo Rio no ano anterior, Chavarry teve um ótimo janeiro de 1984, sendo promovido a primeiro-tenente. E um não tão bom fevereiro, pois acabou preso junto com os colegas de luta salarial. Apesar de o termo "prisão" parecer assustador, a deles era bem mais branda que a de civis e durava no máximo um mês. Os policiais eram despachados para batalhões distintos, onde muitas vezes não conheciam os colegas, mas tinham permissão para transitar pelo seu interior, fazer amigos e até jogar um futebolzinho quando houvesse uma partida; todavia, diante da imprensa diziam estar sendo maltratados — precisavam de apoio e comoção. Chavarry se encontrava em seu turno na Novo Rio quando foi preso por outros fardados. Levaram-no ao 8º BPM, no município de Campos dos Goytacazes, no Norte Fluminense, a quatro horas do Centro do Rio, propositalmente longe de qualquer paisagem familiar. O major Paulo Ramos foi levado para o 9º BPM.

E quem era o algoz? O comandante-geral da Polícia Militar, Carlos Magno Nazareth Cerqueira. Ironicamente, ele fora escolhido para assumir esse posto tanto no primeiro mandato de Brizola como governador (1983-1987) quanto no segundo (1991-1994) justamente por ser um intelectual progressista, crítico das políticas de confronto, favorável ao modelo de polícia comunitária. Cerqueira tinha o cabelo rente, as narinas largas, os olhos miúdos, a pele quase retinta e um passado pouco afeiçoado ao militarismo, tendo sonhado ser escritor, professor ou qualquer outra profissão que privilegiasse o músculo da mente ao dos braços. Seu lar tinha a composição clássica de um pai complicado e uma mãe amável e atenciosa. Entrou para a PMERJ por necessidade financeira, como tantos outros cariocas negros. Conhecia o racismo, a pobreza, a desigualdade e a opressão. Antes de se tornar líder de toda a corporação, era amigo do major Paulo Ramos e, em maior ou menor grau, envolvido com o movimento pela equiparação. Por isso surpreendeu os colegas com seu posicionamento carrasco.

— Carlos Magno [Nazareth Cerqueira] pregava direitos humanos pela PM lá fora. Mas, dentro da PMERJ, era arbitrário — relembra hoje Paulo Ramos.

Após a prisão dos dissidentes, Cerqueira preparou uma coletiva de imprensa. Ao ver no recinto o jornalista Bartolomeu Brito, do *Jornal do Brasil*, o militar o obrigou a se retirar. Os dois tinham brigado por conta de uma matéria que o repórter escrevera sobre corrupção no Batalhão de Polícia de Choque, sob a alçada de Cerqueira, que tentou desmenti-lo, mas não conseguiu, pois três dos policiais acusados acabaram presos.

— A casa é minha e eu aceito aqui quem eu quero — vociferou no prédio da PMERJ o comandante aos jornalistas, famintos por polêmicas.

Esse atrito inicial na coletiva erodiu a paciência de Cerqueira, que se deixou levar e disse que, se quisesse, tinha mandado prender todos os duzentos participantes da assembleia do Clube dos Oficiais. Sorte a deles que ele decidira manter enjaulados por trinta dias somente os membros da gestão do clube e os usaria como exemplo.

Eram tempos difíceis. No dia seguinte, Brizola declarou à imprensa que a reivindicação salarial dos oficiais era nada menos que um instrumento usado pelo Serviço Nacional de Informações, o SNI, contra o governo estadual. A acusação, porém, era infundada, afinal, o SNI partilhava o mesmo desdém que ele pelos policiais "rebeldes". Contudo, os presos foram espertos em manter a estratégia de se vitimizar quanto pudessem — era a melhor arma política naquele momento. Para apimentar o drama, familiares e amigos de Chavarry e de outro militante preso, o capitão Luis Henrique, fretaram um ônibus para visitá-los em Campos. A mensagem para os governantes era uma só: os rebelados tinham mais apoiadores do que as autoridades pensavam. A ambivalência espalhava-se pelo ar: criticar Brizola era munir a imprensa contra o progressismo pelo qual lutavam; ao mesmo tempo, não fazê-lo era abrir mão dos direitos trabalhistas, os quais, teoricamente, o mesmo Brizola deveria apoiar, porque, ao fim e ao cabo, nenhum dos dois lados tinha simpatia pela decrépita ditadura militar.

Em 1985, o major Paulo Ramos conseguiu sensibilizar os oficiais resistentes ao movimento, até então sedentos de repreensão por parte de Cerqueira. De mão em mão, os panfletos criados pelos insurgentes incutiam nos participantes das assembleias revolta contra o *status quo*. Começavam com uma tabela comparativa dos salários: um coronel da PMERJ, por exemplo, ganhava 2.033.000 cruzeiros, enquanto um coronel das Forças Armadas recebia 3.507.000 cruzeiros, quase o dobro. Os panfletos prosseguiam, destilando inconformidade com uma listagem de três fatos balizadores:

1. *A equiparação prevaleceu até 1973, devendo ser considerada um direito adquirido.*

2. *A Constituição Federal, promulgada pela Junta Militar em 1969, estabeleceu a equiparação como o limite máximo das nossas pretensões.*

3. *Ciente das questões acima, o atual Governador do Estado, quando candidato, prometeu, em documento assinado, promover a equiparação.*

OBS: Não obstante as gratificações serem diferenciadas, pelo cotejo dos líquidos receberemos em média 60% a 65% das FFAA.

Tão breve e singela a mensagem. O haicai do major Paulo Ramos.

E, logo após esse sucesso com a opinião militar, o cansaço coletivo levou o movimento a decair como os cortiços abandonados no Centro do Rio. Paulo Ramos conseguia manter-se no poder do Clube dos Oficiais, mas nada além disso — as tentativas de paridade de direitos sempre terminavam com ele e seus companheiros jogando bola nos batalhões em que iam presos. O ambiente de testosterona das assembleias muitas vezes carecia de participantes, enquanto Chavarry rodava o salão em busca de assinaturas para fingir que moviam massas. E a verdade é que Chavarry não fazia muito mais que isso. Atuar no setor de comunicação, no caso dele, consistia basicamente em se fazer ser preso e colher assinaturas. Por mais que Chavarry acreditasse na causa salarial, era visível que aquilo servia a ambições políticas. Não fosse a eventual presença de alguns espiões da ditadura e dos altos escalões da PMERJ, as assembleias muitas vezes nem sequer teriam quórum mínimo.

Brizola e Cerqueira deixaram o poder e nada de concreto foi conquistado, a não ser para Chavarry, que, em 1986, tornou-se segundo-secretário da Irmandade de Nossa Senhora das Dores, cargo que, a olhos inocentes, poderia sugerir um homem mergulhado nos afazeres cristãos. Era só aparência. O segundo-secretário fazia nada mais nada menos que esperar pelo dia em que o primeiro-secretário se ausentasse para se sentar em sua cadeira. Cargo com tamanha inutilidade, que anos mais tarde seria extinto junto com todos os outros "segundos" da Irmandade. Quanto ao major Paulo Ramos, participou das eleições gerais daquele ano e foi eleito deputado federal pelo PMDB (partido que logo abandonou), dividindo seu tempo, a partir daí, entre o Rio de Janeiro e Brasília por dois mandatos seguidos. Usufruiu, assim, o capital político de ser uma liderança na PMERJ, da qual ele faria questão de lembrar ao participar da Assembleia Nacional Constituinte de 1987 e ao propor leis.

O movimento pela equiparação salarial encontraria seu fim nos braços de Moreira Franco, um governador impiedoso que levou consigo para o alto escalão do estado um comandante-geral da Polícia Militar pior ainda. Coronel Manoel Elysio era seu nome. Por influência sua, em 1988 Themístocles Germano Filho voltou-se contra o major Paulo Ramos, dizendo à imprensa que ele era "um aproveitador e *persona non grata* no clube". Certo dia, Paulo Ramos, abatido como um saco de areia, chamou o ex-companheiro para conversar; queria entender o que se passava, não podia tudo ter ido ralo abaixo tão repentinamente. Caminharam até a estação de trem Central do Brasil — o cheiro de urina, lixo e dióxido de carbono embriagava-os de desgosto, mas era provavelmente o melhor lugar para se ter um diálogo tão sensível.

Os olhos de Themístocles estavam prestes a deixar as lágrimas escorrerem.

— Desculpe, Paulo — gaguejou ele, pondo a mão no rosto envelhecido. — O comandante Manoel [Elysio] me chamou e… bem, você sabe, eu tenho dois filhos na corporação e ele disse: "Dos meninos…" — parou, soluçou e continuou — "…dos meninos nós cuidamos, você tem que cuidar do Paulo Ramos."

Pigarreou e olhou de lado para o major e agora deputado federal Paulo Ramos. Tinha vergonha da posição em que se encontrava, a paternidade traz uma vulnerabilidade nova ao homem — aquele era o pior dos mundos. Paulo Ramos abraçou o antigo amigo pela última vez. Com o tempo, pôde se reaproximar de Cerqueira e até mesmo de Manoel Elysio, mas nunca mais de Themístocles, que morreria, anos depois do desabafo, perseguido pelo fantasma da própria trajetória.

— Ele não se virou contra mim, mas contra suas reivindicações — resumia Paulo Ramos.

O ano de 1988 terminou com o sepultamento de amizades e do movimento pela equiparação salarial, que teria apenas alguns parcos respiros no ano seguinte, paralelamente a novas investidas políticas por parte dos policiais.

Naquele mesmo ano Chavarry foi deslocado para o 14º BPM, em Bangu, na Zona Oeste, ficando ali por menos de um ano. No principiar de 1989 já seria transferido para seu purgatório em terra: a Diretoria-Geral de Pessoal, também conhecida como "geladeira da PMERJ", no Centro da cidade. Ainda assim, levado pela experiência quase sindical, filiou-se ao Partido da Mobilização Nacional (PMN), criado pelo ex-espião comunista Celso Teixeira Brant. Foi a única vez que se aproximou da esquerda. Concorreu a vereador nas eleições municipais daquele ano e, ao contrário do líder Paulo Ramos, falhou miseravelmente, angariando somente 1.040 votos, segundo o Tribunal Regional Eleitoral.

Chavarry não sabia, mas ser preso não bastava, aparecer na imprensa não bastava, estar nos fundos do movimento não bastava. Se seu grande objetivo era ser político, errara no caminho escolhido. Teria de ser uma liderança.

4. Terra prometida

1989

Marcello Alencar assumiu a prefeitura do Rio de Janeiro em 1º de janeiro de 1989 com promessas de dedicar atenção aos problemas da Zona Oeste — como falta de escolas, de atendimento de saúde e de infraestrutura — e estancar as feridas urbanas deixadas pelas enchentes do ano anterior. Como sempre, contudo, o problema era mais complexo do que os discursos fizeram parecer. Há dias na cidade em que o sol é o próprio diabo e as lufadas quentes e áridas, sua baforada desgostosa. O vapor da água das praias, das lagoas, dos rios e de toda a natureza tropical, cada vez mais destropicalizada, concatena-se no céu. De repente, o carioca tem um mármore gris no lugar do azul com nuvens, quase substituindo qualquer distinção entre dia e noite. A terra então se parece cada vez mais com o mar, em meio a uma chuva torrencial que pode durar dias.

No Rio de Janeiro, as chuvas de verão são destruições de verão. O sistema de drenagem falha ao que se propõe nas áreas baixas, a sujeira acumulada nos bueiros também não contribui para o escoamento. No topo dos morros, nas favelas, tudo treme e, cedo ou tarde, tudo cai, pois a terra reclama o que sempre foi dela por direito, destituindo o morador de sua única posse — legal ou não, era o que tinha. O que não cai se afoga. Num instante, o barulho da televisão na sala e o do óleo queimando na panela na cozinha, enquanto as gotas trepidam na janela. Subitamente, socos d'água contra as vidraças, algum vizinho deixa o carro no caminho da cachoeira urbana — não há estacionamento nas favelas —, desviando o fluxo da torrente para, enfim, as casas virarem um lamaçal, com risco de choque e incêndio, atraindo ratos, baratas e cobras. Quem tiver sorte volta no dia seguinte, ou quando a chuva para, e passa os dias subsequentes drenando a lama manualmente, com baldes e o par de amigos que conseguiu escapar ileso dessa vez. E os que dão azar?

um ano antes

Cinco mil novecentos e sessenta e três. Esse era o número de pessoas desabrigadas no estado por causa das chuvas que haviam devastado a capital, a Baixada Fluminense e o município de Petrópolis nos dias 2, 3, 4, 5 e 6 de fevereiro de 1988. Numa edição do *Jornal do Brasil* do mês anterior, a premonição ignorada: *"Apesar dos diversos esforços da Comlurb para manter a cidade limpa e da Secretaria de Obras, que investiu no ano passado CZ$ 234 milhões em contenção de encostas e fixação de rochas, o problema das enchentes na cidade não foi contornado e o Rio corre sérios riscos de alagamento neste verão. A advertência foi feita pelo secretário municipal de Obras, Luís Edmundo Costa Leite, no programa 'Encontro com a Imprensa', na Rádio JB."* Para fechar o clima de marcha fúnebre antecipada, a reportagem trazia a infeliz sentença do presidente da Associação de Empreiteiros à época, Ivan da Costa Pinto: *"É o preço que se paga pela beleza da cidade; entre o mar e a montanha."*

O estado foi transformado em caos naqueles três dias. A miséria e a destruição foram levadas pelas ondas das ruas, perpassando carros, moradias e a própria natureza. No dia 4, três pessoas morreram, outras tantas desapareceram e algo próximo de quatro mil, em todo o estado, tiveram algum tipo de dano em suas casas causado pela enchente. Anchieta, Pavuna e Realengo foram os bairros mais atingidos na capital; na Zona Oeste só relaxaram os moradores da Barra da Tijuca. No dia 5, já havia seis mortos e a Defesa Civil conseguiu contabilizar com precisão o número de desabrigados: 3.149, dos quais 830 na capital. A praia do Pepino, em São Conrado, virou curral, tamanha a quantidade de lama. Para piorar, no dia 6, quase metade dos funcionários da Comlurb se encontrava impossibilitada de chegar ao trabalho por causa de uma greve dos ferroviários.

Na Via Dutra, os bombeiros tumultuaram o trânsito ao resgatarem do rio Pavuna um corpo de vítima de enchente; nisso, dois caminhões se chocaram, fazendo com que um Fiat Uno freasse bruscamente, o que não o salvou de ser empurrado na traseira por um terceiro caminhão. No fim, ficaram cinco feridos, entre eles um homem de sunga que tentou ajudar os amigos envolvidos no desastre. Um inferno quente e molhado. A única notícia decente naquele dia era a de que o governo, com Moreira Franco à frente, havia destinado 10 milhões de cruzados para os desabrigados.

Foram mais de cem milímetros de água nos três dias da tragédia. E, no dia 8, 48 horas após o fim do dilúvio, os números definitivos chegaram ao público: 131 mortos e 5.963 desabrigados em todo o estado. No dia 9, o presidente da República em exercício, deputado federal Ulysses Guimarães (PMDB-SP), após retornar de Petrópolis, a cidade mais afetada pelas chuvas, anunciou um crédito suplementar de 300 milhões de cruzados para ajudar as vítimas. Os ânimos esmoreciam e os políticos enxergavam ali uma poça de oportunidades para angariar votos nas eleições municipais de novembro, conforme se noticiava fartamente na época.

Protestos de desabrigados inconformados com a inércia dos governos federal, estadual e municipal eclodiam em diferentes pontos das zonas Norte e Oeste, as áreas mais encharcadas da cidade. E, se já não estivesse ruim, janeiro de 1989 começara com o presidente José Sarney cortando os 8,5 bilhões de cruzados destinados a bancar medidas de prevenção de enchentes no estado, sob a alegação de falta de recursos. A quantia fazia parte do planejamento do Orçamento aprovado pelo Congresso Nacional, mas foi vetada, assim como 23% de toda a verba federal.

Os mais confiantes se defendiam dizendo que ao menos haveria o dinheiro do Banco Mundial, que destinara 175 milhões de dólares negociados diretamente com o estado e o município do Rio de Janeiro para a realização de obras de saneamento, drenagem, construção de habitações, reconstrução de estradas e controle de enchentes. O *Jornal do Brasil* considerou que o valor foi obtido em "prazo recorde: cem dias". Mas tudo caiu por terra quando a Caixa Econômica Federal, o principal banco público do país, brecou a negociação por excesso de burocracia da CEF, atrasando o processo, e mais tarde vetou de vez a transação, que, àquela altura, já havia rendido multa por conta da taxa de compromisso de 0,75% ao ano, cobrada ao governo estadual pelo Banco Mundial.

O ano de 1989 iniciava-se, assim, com um verão, um outono, um inverno e uma primavera de troca de farpas entre a Caixa Econômica, o governador Moreira Franco e o prefeito Marcello Alencar. Este, porém, oferecia uma solução, que acabou sendo apoiada pelo governo do estado: ampliaria o Conjunto Habitacional Bangu I, construindo novas 1.980 unidades destinadas a pessoas de baixa renda e aos desabrigados das enchentes do ano anterior, para criar um segundo conjunto, o Bangu II. Finalmente os desabrigados acalmariam os ânimos e deixariam o trânsito fluir, sem mais protestos de rua por moradia, pensavam muitos.

■

Bangu vem do tupi e significa "barreira negra", uma alusão às serras verde-musgo que abraçam o bairro, que, antes de ser bairro, abrigou a Fazenda Bangu, erguida em 1673 por Manuel de Barcelos Domingues para a produção de açúcar, álcool, cachaça e rapadura. Ele foi bem--sucedido em sua investida e logo atraiu outros empresários para as imediações; com o desenrolar das décadas, a Fazenda Bangu foi passando de mão em mão.

A região, fortemente impactada pelo surgimento, em 1889, da Companhia Progresso Industrial do Brasil, uma fábrica de tecido controlada por portugueses que emigraram para lá, firmou-se então como bairro operário. Os negócios se expandiram para além da indústria têxtil e, nas décadas de 1930 e 1940, a venda de lotes começou a dar ao bairro uma feição de subúrbio. Com o avanço da tecnologia, essa indústria chegou ao apogeu nas décadas de 1950 e 1960, concomitantemente ao desemprego causado pela substituição do homem pela máquina; decairia na década seguinte, quando a identidade de bairro operário se esvaiu para os anais da história, tornando-se um local multifacetado por empreendimentos diversos. Até que, por fim, Bangu ficou definitivamente estigmatizado pelo gigantesco complexo prisional construído ali em 1987 a mando de Moreira Franco.

Foi escolhido um grande pasto para a construção do Conjunto Habitacional Bangu II, com os tradicionais acúmulos de dejetos decorrentes do crescimento mal calculado e pouco remediado do bairro. Em seguida, a obra foi tocada pela empresa municipal de urbanização, a Rio-Urbe. A divisão dos lotes variava de acordo com o tamanho e o desenho das ruas, criativamente nomeadas por números. Os menores terrenos teriam 75 metros quadrados e os maiores, entre cem e 118, com terrenos intermediários de 89 metros quadrados. O espaço para prédios públicos — tais como posto de saúde e escola, além de praças e estacionamento comunitário — estava previsto no projeto. Na prática, embora os terrenos já fossem medianos no papel, os embriões, como são chamadas as estruturas-base dadas aos moradores, eram bem menores; tinham, em média, vinte metros quadrados, praticamente uma sala, onde deveriam caber também a cozinha e o quarto; só o banheiro contava com espaço devidamente delimitado.

Nada luxuoso, mas era melhor que ficar a esmo em abrigos insalubres, abertos a toda sorte de perigos. A vida, porém, é um jogo. Alimentam-se as esperanças dos miseráveis para surrupiá-las quando conveniente; e, quanto maior o tempo de ilusão, maior o tombo e mais difícil é levantar--se e contra-atacar. Um dos muitos anúncios divulgados em 1991, ano de lançamento do projeto, revelava, em parte, que havia um problema naquele empreendimento: *"As inscrições para aquisição de casa própria no Conjunto Habitacional Bangu II estarão abertas de 29 deste mês [julho] a 14 de agosto. Estarão disponíveis para sorteio 828 unidades e a renda mínima para os candidatos com até duas pessoas é de Cr$ 56.784,00 e a máxima, de Cr$ 115.658. As unidades têm 20m² em terreno de 60m²."* Ou seja, não apenas o número prometido de 1.980 moradias havia sido reduzido como também o tamanho delas.

Mas antes fosse esse o único problema. Na verdade, uma parte das casas que deveriam atender os desabrigados foi doada a familiares de policiais do 14º Batalhão da Polícia Militar; enquanto a outra parte, curiosamente, foi vendida por baixo preço a pessoas que trabalhavam em órgãos da prefeitura. Comandado a partir de setembro de 1991 pelo coronel Gentil Pitta Lopes, o 14º BPM acolheria três meses depois, em dezembro, um homenzinho muito benquisto em São Cristóvão e com passagem prévia por aquele mesmo 14º BPM em 1988: o capitão Pedro Chavarry Duarte. Era no interior do 14º que ocorriam os supostos sorteios para a distribuição das casas bancadas pela prefeitura.

1991 a 1992

Para quem saíra de uma fazenda na Paraíba, onde a venda dos frutos mal pagava a energia elétrica consumida no mês, até mesmo a aridez escaldante de Bangu II era um presente divino. Esse era o sentimento de João Firmino e sua esposa, Celeste, eternamente gratos à bondade da prefeitura do Rio de Janeiro, a mesma que a empregava havia alguns anos. Ganharam o acesso a uma casa no condomínio e mudaram-se para a rua Nove. Os dois se conheceram em 1976, num fluxo entre igrejas: ele era da Assembleia de Deus e queria conhecer outros cultos, ver de perto como outros irmãos viviam a fé por Cristo. João Firmino avistou Celeste durante uma visita que fez à Igreja Batista, frequentada por ela, e gostou do jeito como a jovem exercia sua fé.

No nascer do sol, quando algum galo em Bangu II gritou o bom-dia, João Firmino abriu os olhos, levantando-se da cama com a mesma lentidão com que falava. Era um homem de baixa estatura, com a barriguinha de barril de cerveja, sempre vestido à moda evangélica, o que lhe rendeu o apelido de "Deputado" na vizinhança; de pele negra e um rosto de traços planos e alargados, lembrava um sapo amigo. Olhou para a esposa ao seu lado: ela era um pouco menor que ele, tinha a voz serena mas olhares desconfiados, parecendo estar permanentemente ligada às maldades do mundo.

— Amor, tenho que sair pra trabalhar, você paga o boleto hoje? — pediu ele, cutucando-a.

Celeste abriu os olhos de amêndoas e encarou o marido:

— Oi?

— Você paga o boleto da casa?

Eles haviam juntado suas rendas pessoais para fazer o financiamento e pagavam mensalmente o preço mínimo do anúncio.

— Pago sim, pago sim. Vai trabalhar já?

— Tô meio cansado ainda de ontem, mas tenho que ir cedo hoje. Muito lugar pra ir, né?

João Firmino era representante comercial de materiais elétricos; percorria a cidade e além, diariamente. Acariciou as madeixas castanhas da esposa, rumou para a cozinha e preparou o café. Saindo de casa, deparou-se com um homem careca, de pele retinta, com marcas de expressão e um rebolado malandro. Era seu vizinho e novo amigo, Wander Germano, que o cumprimentou com a voz rouca.

— Bom dia, Firmino!

— Oi, Wander. Por aqui tão cedo?

Wander era um homem do mundo, virava-se como podia e por onde podia. Possuía dom musical e participava de escolas de samba desde sempre. Ganhou o direito de adquirir aquela casa por trabalhar como agente educador na Escola Municipal Presidente Roosevelt, na Vila Vintém. Morava mais adiante, na rua Quatro.

— Nada, passando aqui pra lembrar que o Paulo vem aí hoje, na associação. Não esquece.

Wander havia se mudado de Jacarepaguá, bairro também da Zona Oeste, para Bangu II na primeira leva de proprietários e não demorou nem seis meses para abrir uma associação de moradores. A entidade foi batizada politicamente pelo deputado estadual Paulo Melo (PSDB), que buscava surrupiar do PDT o curral eleitoral de Bangu, a começar pelo aliciamento dos residentes do novo conjunto habitacional.

— Pode deixar, Wander — respondeu João Firmino, dando as costas ao amigo. — Estarei lá.

— Ah, e lembre-se que você sempre pode me chamar de Mandela — acrescentou Wander, aos ventos.

Por causa da pele negra como petróleo, Wander começara a ser chamado pelo sobrenome do mais importante ativista político da África do Sul na escola de samba que frequentava, até se mudar para Bangu. Ele gostava. Mais tarde, passaria a dizer a todo mundo que o repórter investigativo Tim Lopes é que o apelidara, porque ele, Wander, era muito combativo. Wander gostava de imputar a si mesmo profissões e formações que nunca tivera e de narrar histórias que nunca vivera. Ainda assim, era considerado um tremendo líder comunitário.

— Ele foi o presidente da associação de moradores aqui e eu era o vice, só que tudo ele fazia. Ninguém participava. Ele não dava carta branca para ninguém resolver nada — lembraria João Firmino, anos mais tarde, ao se referir a Wander, de quem guarda um pequeno rancor. — Ele que resolvia tudo sozinho. Trancava-se numa sala e a gente não sabia de nada. Eu fazia a parte burocrática, fazia ofícios, levava documentos à prefeitura. Fizemos o polo calçadista, a praça, a creche e o posto de saúde.

Tais conquistas só foram possíveis graças ao laço da associação com o PSDB. O deputado Paulo Melo tinha os contatos pessoais de Wander, de João Firmino e da diretora social da associação, Sônia Carneiro, que trabalhava na prefeitura e transitava com intimidade por suas várias secretarias, a depender da gestão. O prêmio desse namoro político era conseguir o que quase nenhuma outra comunidade carioca conseguia: acesso a serviços públicos e infraestrutura. Para melhor e para pior, era impossível escapar desse lobby. A comunidade, em troca, teria de votar em peso na sigla, não importasse a eleição.

Wander era um verdadeiro articulista e conseguiu incutir paz naquela região de Bangu. Para melhorar sua agenda, em 1992 virou amigo de Tim Lopes, numa visita do jornalista a Bangu II, que estava fascinado com a agilidade da associação e a combatividade de Wander em prol de todos os que, obviamente, fossem do PSDB. O único problema dessa aliança local, além da opção pela prática do coronelismo, era a existência de Gilber de Azevedo, primeiro vice-presidente da associação e pedetista em corpo, alma e discurso. As discussões políticas corriam noite adentro, dia afora. Não havia consenso algum, mas, de uma forma ou de outra, decisões eram tomadas e conquistas, realizadas. Restava sempre a questão: a que custo? Hoje em dia, Bangu II, que virou uma favela, porém organizada, conta com quase tantos serviços públicos quanto um bairro de elite do Rio de Janeiro.

Assim, os anos 1991 e 1992 foram relativamente serenos para os moradores de Bangu II. O fato de ali residirem dezenas de policiais desincentivava a criminalidade e impunha respeito com base na lei da bala, que, por sorte, não precisava ser invocada. Wander e o coronel Gentil Pitta Lopes, o novo comandante do 14º BPM, no mesmo bairro, não eram exatamente amigos, mas mantinham uma relação cordial, embora o líder comunitário se revoltasse com o fato de as casas terem sido distribuídas por indicações do coronel, sem que a população como um todo pudesse ter tido a chance de participar dos sorteios. Não bastasse a gratuidade para os fardados, a distribuição era injusta dentro da própria corporação, com base muitas vezes no favoritismo de um certo capitão Chavarry, recém-retornado ao destacamento em dezembro de 1991.

■

A maior preocupação naquele momento era com o mato que subia e quase encimava a casa 183, na rua Nove. Wander e sua equipe já não aguentavam ouvir reclamações dos moradores — "Wander, você tem que dar um jeito"; "Gente, como assim? Ninguém corta aquele mato?"; "Vai atrair bicho." Ele se sentia uma ouvidoria ambulante. A própria Sônia Carneiro, fiel escudeira, vomitava-lhe reclamações; era vizinha da residência em questão.

— Wander, essa casa do lado, poxa, esse homem tem que limpar o capim pelo menos, já que ele não vem morar aqui — queixava-se.

O dono só apareceu quando o ano de 1992 se arrastava ao fim. Um Fiat Uno vermelho cruzou a esquina da associação, na rua 19 de Abril, defronte a uma pracinha. Entrou numa segunda rua e seguiu margeando as casinhas prosaicas, cinza, sem pintura, até entrar na rua Nove. Wander logo recebeu a dica de que o Fiat havia chegado. Sabia pouco sobre o dono daquele carro, apenas que se tratava de um baixinho branco e, conforme tinha ouvido falar, muito folgado, capitão do 14º Batalhão que costumava ser ríspido com qualquer um que ousasse reclamar para que limpasse a casa. Wander pediu então a um garoto que brincava na rua que convocasse o sujeito à sede da associação para falar com ele, o presidente.

Um minuto. Dois minutos. Três minutos. Quatro minutos. Wander se espreguiçou na cadeira, bocejando, não sairia dali para conversar com o homem, tinha de impor respeito em seu território. Finalmente, três batidas na porta, uma empurrada lenta, até que ela foi aberta, iluminando a salinha da entidade e dando passagem a um vulto de difícil identificação à primeira vista. Depois, os olhos de Wander se acostumaram à luz e o homem deu um passo na penumbra, permitindo a revelação de suas feições e vestes.

Era fardado.

— Qual o problema? — perguntou, encarando o líder comunitário.

— Qual o nome do senhor?

— Pedro Chavarry Duarte. Sou capitão aqui no 14º. Pode me dizer do que se trata?

Chavarry livrara-se do bigode dos tempos da Rodoviária Novo Rio, voltando ao bom e velho rosto liso de balãozinho infantil.

— Olha, senhor Chavarry, a sua casa... Eu sei que o senhor não está residindo, mas o excesso de mato lá tá atraindo muito mosquito. Eu quero saber se não tem a possibilidade de o senhor mandar capinar e limpar; manter ela limpa até que o senhor venha fazer obra, morar, essas coisas — propôs Wander, irritado, mas satisfeito por ter adotado uma abordagem delicada.

— A casa é minha. Problema é meu.

— Na verdade, tá incomodando os vizinhos. O problema é nosso.

— Limpo quando eu quiser — rebateu Chavarry, desferindo o seu sorriso zombeteiro porém contido, que guardava para quando não precisava sustentar a imagem de bom-moço. — Eu sou capitão do 14º, já ouviu falar? Tá sabendo?

Wander perdeu a paciência e subiu o tom:

— E daí? O senhor é autoridade no 14º. A autoridade aqui na comunidade sou eu. E eu posso até não ter direito de arrombar a sua casa para ver o que tem dentro, nem a casa de ninguém. Mas entrar no seu quintal, que não tem portão, não tem muro, não tem nada? Não só posso como vou. Mais ainda, vou mandar limpar e capinar tudo.

— Tá bom. Experimenta — disse Chavarry, que bufou e deu as costas, voltando para o carro.

Mais um pouco e o encontro teria virado uma ópera de macheza, uma queda de braço em que Wander com certeza seria o perdedor.

O mato, afinal, foi decepado pela raiva do capitão, que sabia não valer a pena chamar a atenção para a existência da casa, muito menos para si, mesmo que isso custasse seu orgulho, deveras expansivo e autodestrutivo àquela altura da carreira.

Tinha muito a perder.

5. O capitão folgado

novembro de 1992

Um choro infantil rasgou o silêncio da rua Nove naquela tarde amena no Conjunto Habitacional Bangu II. Meu Deus, meu Deus, de quem é essa criança? Meu Deus, meu Deus, por que ela não para de chorar? Vizinhos reclamavam sem saber de onde vinha aquele berro gutural. Incapazes de localizá-lo antes que cessasse, reportaram a Wander, que não soube o que fazer.

dezembro de 1992

Sônia Carneiro estava de folga do trabalho e dormia em casa quando um *nhee* penetrou sua parede, seus sonhos e sua paz. De novo? No mês anterior já tinha ouvido falar de um certo choro. Seria o mesmo? Ninguém na rua Nove tinha filho pequeno. Talvez fosse alguma visita com um bebê. Talvez tivesse algum casal novo morando na área, ou quem sabe uma adolescente virara mãe prematuramente. Deus do céu, pare com essa choradeira! A diretora social da associação de moradores de Bangu II afinal saiu de casa e se juntou a um vizinho, que já estava na rua, aflito também, na busca pela origem do som. Embora fossem todos vizinhos, não era fácil identificar de onde vinha o berreiro — o som às vezes se comporta de um jeito curioso. Caminharam com atenção. O choro era na casa 183.

Bateram na porta. Insistiram. Sem luz na casa. Nenhuma resposta. O choro continuava com a mesma intensidade, apesar das batidas. Alguém devia ter se mudado para lá, alguém que não sabia cuidar do próprio filho; alguém que precisava aprender a responder aos toques na porta e dar satisfações à vizinhança e à associação. Impotentes outra vez, restou-lhes, horas depois, pedir providências a Wander, que ficou de prontidão ao perceber que se tratava da casa do capitão com quem discutira por causa do capim alto.

novembro de 1992 a 15 de março de 1993

O amarelo aquoso, pendendo para o bege, da casinha da associação de moradores, gritava contra o escarlate do Fiat Uno de Pedro Chavarry Duarte, que trafegava lentamente pelo asfalto. O vidro fumê do veículo refletia as casinhas inacabadas e as árvores raquíticas. Wander ficava, em geral, à porta da entidade, a testa negra reluzia e os dias queimavam esfacelando as peles claras e levando ao desmaio os que padeciam de pressão baixa. Nem todo mundo se informava direito antes de se mudar para lá, mas Bangu é um dos bairros mais quentes do Rio de Janeiro, o local onde as moléculas se agitam tão rapidamente quanto a gravidade puxa as gotículas do suor alheio. Chavarry passava ali, abria a janela do carona, abaixava a cabeça e, enquanto o carro deslizava, fulminava Wander com olhares de crocodilo. O líder mantinha os braços cruzados, o queixo erguido, e se impunha como um deus de bronze talhado pelo poder das amizades influentes. Assim que o carro virava a esquina da rua Nove, os homens voltavam a respirar e a tensão se dissipava como folhas ao vento. A cena repetia-se quase todo dia, de manhã cedo ou ao pôr do sol.

A situação não era ideal para a comunidade, muito menos para a polícia. Por sorte para ele, Chavarry era benquisto pelos comerciantes de Bangu e Realengo, tido como um policial atencioso e mais calmo que a média. E o coronel Gentil Pitta Lopes queria que a imagem perpetuada pelo seu batalhão fosse a melhor possível em todo o seu território de ação, sem exceção. De certa forma, é isso que todo comandante diz almejar; poucos são os que realmente atuam em busca desse bem maior. Polícia comunitária era mais uma forte abstração da cabeça de Carlos Magno Nazareth Cerqueira do que uma prioridade dos batalhões fluminenses. Mas poderia voltar a ser: Brizola estava em seu segundo governo desde março de 1991, tendo o advogado Nilo Batista como vice e Cerqueira, novamente, no comando da PMERJ; dessa vez, porém, Cerqueira vinha calejado pelas críticas à sua linha de trabalho no primeiro mandato. Membros da imprensa, da ditadura e de grupos reacionários detestaram a abordagem humanizada que os pedetistas haviam estabelecido para a polícia, basicamente proibida por eles de subir favelas e trocar tiros. Acusavam a criminalidade de recrudescer na cidade por causa do primeiro período brizolista, o que não era verdade, pois inúmeros fatores influenciaram a escalada de crimes, muitos relacionados à má administração do regime militar.

16 de março de 1993

Dezessete horas. O sol boceja. Pela distância do mar, o anoitecer pode gerar quedas bruscas na temperatura de Bangu, e as sombras das casas na rua

Nove aumentavam o frescor daquele crepúsculo. Sônia Carneiro chegava em casa, no número 177. Estava defronte à sua porta quando avistou o Fiat Uno vermelho e também Gilber de Azevedo, seu colega da associação, que morava no número 142. Ele acenava para ela e seguia em sua direção, a pé. Sônia tinha o braço mergulhado na bolsa, procurava pelo molho de chaves e, ao tateá-lo, ouviu o tilintar do metal se debatendo, epilético.

— Oi, Sônia. Tá tudo bem? Você tá parada aí há algum tempo. Aconteceu alguma coisa? — perguntou Gilber.

— Eu tô de olho naquela casa do capitão, ele tá aí agora — disse ela, com o olhar fixo na porta aberta do número 183.

— Hum. Não é a casa de onde vieram aqueles choros ano passado?

— Pois é.

As sombras se inclinavam cada vez mais, dissipando-se nas pontas em penumbras mal definidas, até, por fim, dominarem a rua num todo, fazendo dela uma grande maquete acinzentada, vazia de vida. Sônia e Gilber recostaram-se no muro da casa dela e ficaram encarando a porta da casa 183, estáticos. Finalmente Chavarry saiu de lá, em direção à rua. Levava no colo um bebê e no ombro uma enorme bolsa de couro, marrom. Ele os olhou de soslaio, entrou no carro e desapareceu no horizonte empoeirado.

Gilber e Sônia ficaram a coçar o queixo.

18 de março de 1993

Pouco antes das nove da manhã, o Fiat Uno tornou a virar a esquina da rua Nove. Sentados na sede da associação, Wander e João Firmino ficaram em alerta, à espera do capitão. Eles tinham acabado de criar um grupo de crianças que serviam de olheiros da comunidade ("olheiros do bem", ressalvava Firmino). A princípio, elas deveriam somente ficar atentas à movimentação de usuários de drogas, possíveis assaltantes e pessoas consideradas "esquisitas" de acordo com o senso comum, ou seja, em geral não pertencentes à comunidade. Chamaram então um menino que empinava pipa na rua e pediram que ficasse de olho no que acontecia após Chavarry entrar em casa. Esperaram. Em questão de minutos, o carro saiu do conjunto habitacional e, pelo horário, sabia-se que deveria estar voltando para o 14º Batalhão da Polícia Militar, onde Chavarry trabalhava.

O sol começava a maltratar o chão seco e as peles morenas — máxima de 35 graus Celsius, sensação térmica de 40. O garoto correu para a associação, o suor parecia lágrimas em seu rosto.

— Ele entrou com uma mala, uma mala de couro desse tamanho que parecia muito pesada — descreveu, mimetizando uma bolsa cujo comprimento equivalia ao limite de seus braços franzinos esticados. — Daí ele voltou e pôs de novo no carro, mas aí ela parecia murcha.

— Valeu, Lilico — agradeceu Wander passando a mão na cabeça do menino.

João Firmino saiu para trabalhar avisando o amigo de que se precisasse era só chamar, estaria disponível, caso tivessem mais alguma notícia sobre os atos escusos do capitão. Entre dez e onze da manhã, o choro de um bebê cortou mais uma vez o silêncio daquela pacata comunidade. Uma garota chamada Célia, também "olheira" da associação, içou-se a uma janela basculante da casa 183. Os vidros das janelas tinham sido cobertos por dentro com um papel preto, para que não se pudesse enxergar nada nem ninguém no interior do imóvel. Mas Célia conseguiu ver a criança por uma fresta: um bebê de três meses, talvez quatro ou cinco, ela não sabia ao certo, mas era bem miúdo.

Sônia Carneiro estava em casa — tinha muitas folgas. Ouviu três batidas na porta. Se era Célia, a notícia não poderia ser boa. Assustada, a menina contou o que viu. Sônia pôs os chinelos e correu para a associação.

— Wander, é verdade, tem uma criança abandonada na casa — anunciou com a fala picotada pela ânsia de regurgitar de uma só vez a cena que ela imaginava.

— Chama o Lilico — pediu ele.

O menino apareceu, ainda mais castigado pelo sol. Ouviu a fala de Wander com atenção e se prontificou a obedecê-la. Pegando impulso na parede, subiu até o basculante; ele era menor que a garota e, portanto, não teve dificuldade em entrar na casa. O bebê berrava sem parar, era gritaria de fome, ansiava pelo seio materno. Lilico foi até a janela e abriu-a por dentro, conforme as instruções recebidas, saindo pela mesma, que ficou encostada.

Voltou para a rua para brincar.

Wander entrou na associação e discou para o deputado Paulo Melo.

— Alô, Paulo? É o Wander. Lembra daquela criança que a gente tava ouvindo outras vezes, aquela do choro que eu te falei? Pois então. É uma criança abandonada, vocês aí no SOS Criança não querem cuidar disso, não? — perguntou, referindo-se à comissão em defesa da infância da Assembleia Legislativa do Estado do Rio de Janeiro, o Disque-Criança, coordenado pelo próprio Paulo.

O deputado respondeu que iria até Bangu II para ver a situação de perto e mandou que esperassem por sua chegada; levaria junto assessores e policiais.

— Ok. Não vou mexer na criança até vocês chegarem.

Wander continuou com o telefone na mão e ligou para Tim Lopes, na época repórter do jornal *O Dia*.

— Tim? Olha só... Você não vai acreditar na história que tenho pra você, meu amigo...

— Não acredito — respondeu Tim, depois de ouvir o relato de Wander.

— Não chama ninguém ainda não. Principalmente se for do batalhão dele.

no período da tarde

O relógio apontava que era hora de almoçar e lá estava o deputado Paulo Melo, sentado numa banqueta do Tribunal de Justiça observando as vidraças negras que, lá fora, refletiam os raios solares inconvenientemente contra os transeuntes do Centro. Era um homem de Saquarema, cidade do Leste Fluminense, em seu primeiro mandato político. Ele coçava a barba esbranquiçada de uma semana — ainda não tinha seu icônico bigode-pente —, tinha a cabeça quadrada como uma televisão, os cabelos crespos, as sobrancelhas grossas e negras como sanguessugas e as orelhas, pontudas. Esperava pelo mandado de busca e apreensão do Juizado de Menores. Já havia ligado para um antigo parceiro em ações penais, o tenente-coronel Valmir Alves Brum, um militar que investigava militares. Pediu que o colega destacasse três policiais para acompanhá-lo até Bangu II — as coisas poderiam engrossar.

Valmir Brum era um homem de carreira destacável e feições retilíneas, a manifestação física de um desenho clichê de soldado estadunidense, um G.I. Joe que tomara vida. Começou investigando a morte de dois garotos, cuja culpa recaiu sobre o batalhão dele injustamente. Agindo na surdina, descobriu que eles morreram na mão de outro batalhão; motivo mais torpe impossível: a dupla havia roubado o toca-fitas do carro da filha do comandante. Essa investigação virou inquérito na Polícia Civil, com a qual ele passou a manter um bom diálogo, tornando-se, para muitos, traidor da corporação. Afinal, depois de traficantes e militantes dos direitos humanos, os policiais civis eram os maiores antagonistas dos policiais militares.

Dali em diante, Valmir Brum passou a atuar como um corregedor sem corregedoria, pois esta só seria criada em 1994, um ano após a chamada Chacina da Candelária, quando oito garotos moradores de rua foram fuzilados por policiais militares na frente da Igreja de Nossa Senhora da Candelária, no Centro, à noite. Aquele ano viria a ser um dos mais importantes de sua trajetória profissional: ele prendeu os assassinos da Candelária e também os da Chacina de Vigário Geral, mais um crime que marcou a capital por sua crueldade: 21 moradores da favela homônima foram assassinados na noite de 29 de agosto. No ano seguinte, Valmir Brum foi o responsável por apreender a lista de propina do bicheiro Castor de Andrade, o *capo* do bicho no Rio de Janeiro.

Desde 1990, o militar que investigava militares vinha arrecadando admiração pelas investigações conduzidas no seu maior caso naquele ano: o chamado Massacre de Acari, outra atrocidade cometida por PMs, dessa vez com a execução de onze jovens num sítio de Magé, na Baixada Fluminense. Portanto, o telefonema de Paulo Melo não o surpreendeu; aliás, Valmir Brum já tinha ouvido falar de Chavarry. E bem mal. Assim, não teve receio em ceder seus homens para colaborar na ação organizada pelo deputado. À frente dos destacados ia o capitão Celso Araújo.

Os policiais marcaram de encontrar-se com Paulo Melo, que estaria acompanhado do oficial de justiça Fernando Francisco de Couto, em frente à fábrica da Coca-Cola, na avenida Brasil. Ao chegarem lá, às duas da tarde, nem sinal do político. Em seu lugar, esperava-os um carro do jornal *O Dia*, cujo motorista abaixou o vidro e perguntou:

— É da denúncia?

Os policiais responderam que sim e ele avisou que o deputado já se encontrava na associação de moradores de Bangu II. Não sabiam que Paulo Melo era amigo de Wander e que a denúncia fora feita ao Disque-Criança por conta da proximidade deles, fato que viriam a omitir posteriormente, dizendo tratar-se de denúncia anônima para não parecer que havia alguma intenção política na diligência.

∎

Em Bangu II, enquanto o deputado Paulo Melo organizava o passo a passo com Wander, que explicava com precisão tudo o que ocorrera naquela manhã, o oficial de justiça Fernando Francisco de Couto caminhava pela rua Nove, tentando extrair informações dos moradores. As respostas, contudo, podiam ser resumidas a um uníssono "não sei nada não, senhor". Era a Lei do Silêncio, tão antiga quanto o Código de Hamurabi. Apenas dois vizinhos abriram o jogo, contando que em duas ou três ocasiões ouviram choros agudos de bebê ecoarem pela rua.

Na associação de moradores, Tim Lopes anotava os diálogos, discreto; o capitão Celso Araújo procurava uma forma delicada de expor a contradição de sua situação pessoal; João Firmino voltara mais cedo do emprego, ansioso para participar da ação; o fotógrafo do jornal, Samuel Martins, revisava o rolo de filme; os soldados faziam piadas entre si.

— Ok. Vou ficar aqui, vão vocês dois. Eu não posso ir até a casa dele — disse Celso Araújo.

— Por que não? — perguntou Paulo Melo.

— Eu conheço o cara, não acho que seria bom eu estar lá, não sei. Vou ficar aqui.

O oficial de justiça voltou à sede da associação com as informações colhidas. Prepararam-se todos, então. Avançaram pela rua Nove, deixando para trás Celso Araújo e João Firmino, que fez companhia ao capitão por alguns minutos. Foi quando o militar lhe confidenciou que jantara com o suspeito naquela semana, por isso não se sentia bem em prender o colega, mesmo que pudesse se tratar de um crime hediondo — tráfico de crianças, abuso sexual infantil, abandono de menor etc.

Entraram pela janela que Lilico deixara aberta.

— Olha só, Chavarry esqueceu a janela aberta — mentiu Wander, conforme combinara por telefone com o deputado Paulo Melo, com medo de fraquejar e admitir que usara crianças para invadir uma propriedade privada.

— Ele chegou aqui antes das nove e logo saiu, é? — perguntou o deputado, estupefato com o tempo que aquela criança passara sozinha.

A casa 183 era o que os locais chamavam de "embrião", ou seja, um cubículo de vinte metros quadrados de concreto e nada além, cubículo que, num dia quente daqueles, não permitia uma circulação decente de ar. Não havia nenhum móvel, só uma cadeira de praia e um colchonete, no qual se encontrava a criança: uma bebezinha praticamente recém--nascida, nua, envolta em urina e fezes e com formigas marchando sobre sua pele alva e seus tufos de cabelo. Berrava, certamente pelo seio materno. Mais tarde se confirmaria que tinha apenas três meses. A casa era uma estufa, um forno, e a criança, uma terrível sopa de excrementos que ardiam em sua pele e nas narinas alheias. Talvez pelo odor, talvez pela cena, quase todos os presentes encheram os olhos de lágrimas.

De primeira, os policiais viram, num canto, uma bolsa azul contendo uma garrafa de água, uma mamadeira e fraldas. No chão, perto do banheiro, uma câmera fotográfica Instamatic e alguns rolos de filme PB 400. Vasculhando a casa, encontraram duas receitas médicas em nome de Érica Meirelles e um infindável vestuário infantil: três calcinhas, cinco saias, três shorts, um par de sapatos azuis, um laço azul, um prendedor de cabelo vermelho, uma meia-calça branca, mais três fraldas, doze camisetas, um lençol mesclado de azul e branco, um cobertor bege, uma chupeta rosa, três tampas de mamadeira e um alfinete de segurança. Encontraram também alguns objetos de farmácia: compressas da marca Johnson & Johnson, um saco plástico transparente contendo pequenas quantidades de algodão, uma embalagem de Proderm, uma de água oxigenada, uma de Necamin, duas de Coristina D, um supositório pediátrico Eucil e uma cartela de sedativo adulto Lexotan 3, com dois comprimidos intactos e vestígios de pó. Perto da criança, uma pulseira de metal pintada de amarelo — que, muito depois, se descobriria que a mãe acreditava ser de ouro — com o nome "Amanda", levando-os a acreditar que esse poderia ser o nome da criança.

Desconfortável e com certa ânsia, o deputado Paulo Melo brincou:

— Tá com cheiro de caquinha, hein?

Ninguém riu.

Sônia Carneiro logo apareceu para dar mamadeira à bebê, que esboçou algo que parecia um sorriso banguela. Em seguida ela chamou outra mulher da associação, xará sua, que levou a criança para lavar as intimidades, tornando a devolvê-la ao colchonete sujo e com insetos, pois queriam manter a cena o mais intocada possível sem, necessariamente, fazê-la sofrer mais ainda.

— O que a gente faz? — perguntou um dos policiais, confessando que aquilo tudo lhe parecia tão insólito quanto qualquer ficção que passava na TV.

— Vamos montar uma tocaia e esperar por ele. Volta perto das cinco da tarde, segundo Wander, e já são quase quatro horas — respondeu o deputado Paulo Melo. — Vai ser bom, vamos pegar em flagrante.

Os rapazes não tinham tanta certeza disso. Paulo Melo então mandou-os chamar o capitão Celso Araújo, que surgiu de imediato, assustando-se com a cena deplorável. Entendendo a gravidade do caso, o capitão concordou com a proposta de tocaia feita pelo parlamentar, mesmo que a ideia fosse, no mínimo, arriscada: envolvia quebra de ética e ele, Celso Araújo, não era do batalhão do bairro. Entre a ética e a justiça, o capitão optou pela segunda, mas voltou para a sede da associação. Não queria se expor ainda.

O motorista do jornal *O Dia* estacionou o carro numa transversal da rua Nove, ocultando-o; qualquer descuido que desse alguma pista a Chavarry poderia destruir a cena que armavam. Além disso, daquele ponto bastava uma ré para trancar o Fiat Uno vermelho, caso seu condutor tentasse fugir. Os dois policiais entraram na casa, fecharam a janela e esconderam-se contra a parede; pegaram suas respectivas pistolas, tateando o metal frio, e esperaram. Wander ficou com o deputado Paulo Melo e o repórter Tim Lopes na lateral externa da casa, os três agachados. O fotógrafo já havia feito sua foto, na qual Paulo Melo, com as mãos nos quadris, observava a bebê, largada às formigas.

Eram 16h30. O Fiat Uno virou a esquina e entrou na rua Nove.

6. Político sem campanha

voltando no tempo

Em 1989, abatido por não ter sido eleito vereador do Rio de Janeiro no ano anterior e imobilizado pelas limitações de seu cargo como "segundo" na Irmandade de Nossa Senhora das Dores, Chavarry levou um projeto à entidade. Quem sabe uma atividade extra o ajudaria a superar o trauma das urnas, que, afinal, não fora pequeno? Quando alguém lhe perguntava o que tinha achado do próprio desempenho político, dizia que não ganhara por pouco — "fui o terceiro mais votado da minha sigla". Omitia, porém, que o Partido da Mobilização Nacional, o PMN, ao qual se filiara, nascera nanico em 1984, obtivera seu registro definitivo no Tribunal Superior Eleitoral apenas em 1990 e nanico se manteve, sem relevância, incapaz de "mobilizar" as massas e gravitar grandes lideranças de esquerda; não era um PT, muito menos um PDT, nem o que, em menos de duas décadas, viria a ser o PSOL. Era, sim, um partido parasita que se grudava a algum maior e se alimentava das conquistas alheias. Era também o partido ao qual o ídolo de Chavarry, o major e deputado federal Paulo Ramos, aderira entre 1988 e 1989, após deixar o PMDB.

O projeto apresentado por Chavarry à Irmandade visava ampliar a oferta de serviços à comunidade civil, envolvendo o que de mais precioso as famílias possuíam: seus bebês. Ele construiria uma creche dentro de um antigo orfanato, o Educandário Feminino, pertencente à Irmandade de Nossa Senhora das Dores. A função do educandário, sediado no bairro de Olaria, era dar assistência a filhas de militares — anos mais tarde a entidade admitiria meninos e passaria a funcionar apenas como escola. Após o sinal verde da Irmandade, que concordou em permitir o uso da infraestrutura do local para a construção da creche, Chavarry fez espalhar pela Zona Norte o seguinte folheto:

A MÃE SAI PARA TRABALHAR. COM QUEM FICA A CRIANÇA?

Para a grande maioria das trabalhadoras a vida obedece a uma rotina que inclui o trabalho fora de casa, o cuidar da casa propriamente dito e as atenções para os filhos [...]. Seja para complementar o orçamento doméstico, seja porque em muitos casos a mulher é quem chefia a família, o trabalho feminino tem crescido [...].

Procurando ampliar sua assistência social, que é sempre voltada para o Policial Militar e seus dependentes ou beneficiários, [a Irmandade de Nossa Senhora das Dores] está neste momento realizando a construção de seu NÚCLEO EDUCACIONAL, que será composto de uma CRECHE- -MATERNAL, JARDIM DE INFÂNCIA, EDUCANDÁRIO PARA MENINOS e ESCOLA PROFISSIONALIZANTE. Iniciamos pela construção da creche [...] será dado atendimento aos seus filhos em idade compreendida de TRÊS MESES a DEZ ANOS de idade, em regime de semi-internato das 07:00 às 19:00h de 2ª a 6ª feira.

Basta preencher o formulário, que colheremos em 48 horas.

Grato

Cordialmente

Pedro Chavarry Duarte

Coordenador do Projeto Creche

Para ter acesso à creche, as mães interessadas deveriam preencher duas folhas com um questionário que as fazia detalhar sua condição de vida e a idade da criança — questões basilares para o peneirar das demandas. Chavarry estava à frente da empreitada não como coordenador da creche, como fazia parecer o panfleto, mas apenas como supervisor de obras. Infelizmente, não resistiu à tentação de embelezar seus feitos, precisava romancear a própria vida, presa numa rotina incapaz de suprir suas necessidades quixotescas. Falhara nas eleições de 1988, seu grã-objetivo; não tinha destaque na organização religiosa da PMERJ (se quisesse, a Irmandade poderia tê-lo tornado quase um sacerdote militar); perdeu a queda de braço na briga por equiparar seu salário ao de um militar das Forças Armadas; e, ao que tudo indicava, seu casamento, que já iniciara arrefecido, se regelara após o nascimento da filha, Rachel, em 1985.

A vida conjugal sempre carecera de excitações e novidades, exceto pela paulatina decoração do apartamento, onde se incluíam um sofá cuja padronagem mesclava a pele de uma onça-pintada ao areal de um deserto, mesinhas de madeira com o espírito da década passada, um jogo de chá de porcelana a dar um tom de finesse ao ambiente e um mural a crescer com fotos de Rachel, cada vez mais menina, sempre em cores gritantes, irradiando a inocência da infância. A filha era, talvez, o único elemento a servir de contrapeso à sensação de que era um ninguém. E a verdade, sobre a qual pouco falava, era que seu projeto de creche nascera fadado ao desastre: a Irmandade não tinha caixa suficiente para bancar a operação, e Chavarry falhou também na função de angariar fundos para as obras.

Assim, 1989 se aproximava de um fim inglório. Contudo, ao estreitar o contato com o Educandário de Olaria, Chavarry viu ali uma oportunidade para preencher o vazio de sua vida e realizar novos desejos. De início, visitava as freiras para ver se "alguém necessitava de algo, já que ele tava na vizinhança". Depois, colocou-se à disposição para ajudar no que precisassem, bastava uma ligação. Por fim, apresentou-se como um solucionador de problemas: fazia compras para elas e atuava como motorista, indo para lá e para cá. Em dezembro, perdeu o cargo de segundo-secretário e, com isso, o vínculo com o núcleo administrativo da Irmandade; em contrapartida, viu-se cada vez mais com ascendência no coração da organização. Como sempre, porém, deixou que lhe subisse à cabeça a mera tarefa de servente do Educandário e espalhou para todos os que conhecia que um dia fora "o diretor do Orfanato de Olaria", como costumava chamá-lo em suas narrativas.

Fato é que sua imersão no cotidiano do Educandário fermentou uma influência interna tão grande que lhe permitiu uma irrestrita liberdade de trânsito em seu interior. É possível rastrear o início desse poder já em seus primeiros contatos com o Banco da Providência, instituição filantrópica católica criada por dom Hélder Câmara, no Centro, voltada para o combate à pobreza e à desigualdade. Certo dia, nos primeiros suspiros dos anos 1990, o pessoal da Providência teve problemas com um caminhão que transportava tijolos para uma obra; acharam solução ligando para a Polícia Militar, que os atendeu e passou o contato direto deles para o pessoal da Irmandade, que, por algum motivo, repassou-o para as freiras do Educandário, que, em meio ao frenesi de uma dança de passos aleatórios, encaminhou-o a Chavarry, que se tornou então o mediador de favores entre as duas entidades, emprestando ao Banco da Providência veículos da corporação militar para transporte de materiais antes mesmo que lhe fosse solicitado.

Esse intercâmbio começou distante, separado por alguns quilômetros, mas foi se intensificando pelas ondas das linhas telefônicas até que Chavarry fez uma visita à sede do banco. Ficava no subsolo da Catedral Metropolitana do Rio de Janeiro, que por fora se assemelhava a uma oca indígena e por dentro era um majestoso vitral infinito, uma alucinação coletiva de cores e evocações cristãs, na visão do militar. Ele passou a frequentar aquele subsolo com certa regularidade e ali acabava conhecendo uma mãe necessitada, uma senhora buscando cestas básicas para o neto, um pai sem dinheiro para alimentar seus meninos. Ali ele tinha acesso a pessoas mais vulneráveis que as crianças do Educandário de Olaria.

"Se alguém precisar de ajuda, manda meu contato, eu tenho uma creche"; "se alguém precisar de ajuda, manda meu contato, eu estou construindo uma creche"; "se alguém precisar de ajuda, manda ir no meu batalhão". Essas eram as várias versões de uma mesma ladainha, às vezes acompanhada do panfleto, às vezes solitária no valor de suas palavras — ele, o capitão da PMERJ que se punha sempre à disposição.

23 de dezembro de 1991 a 7 de maio de 1992

— Seja bem-vindo ao 14º Batalhão, capitão Chavarry. Ouvi falar muito bem de você. Um homem que domina as relações públicas, pelo que dizem — saudou o comandante Gentil Pitta Lopes naquele 23 de dezembro de 1991.

Era o primeiro dia do capitão Pedro Chavarry Duarte em sua segunda estadia no 14º, em Bangu, onde já estivera lotado em 1988.

O coronel Gentil Pitta tinha dez anos mais que Chavarry e entrara na corporação em 1965, oito anos antes. Teve uma carreira meteórica, cavalgando por promoções de dois em dois anos, quase ininterruptamente, incluindo o Batalhão de Choque, e chegara ao cargo de comandante da unidade militar de Bangu em setembro de 1991, quando o quartel contava com um contingente de 1.420 homens. Sabia que o capitão à sua frente possuía a boa fama de conseguir o impossível: içar a imagem de um batalhão à de uma instituição decente, menos grotesca que a vigente, de máquina de corpos. Isso casava perfeitamente com suas ambições de comandante de um dos locais mais malfalados da corporação pela adoção de práticas como suborno, associação criminosa e extorsão, entre outros crimes. Para superar a maldição desse histórico, ao menos nas aparências, Gentil Pitta decidiu experimentar algo que, no futuro, seria seu maior pesadelo: aproximar-se da imprensa. Numa entrevista dada ao jornal *O Globo* em seu vigésimo dia de comando, declarou:

— É preciso que todos os bairros tenham um operador social. No Centro de Formação e Aperfeiçoamento da Polícia Militar, os policiais recém-formados têm noções de sociologia e psicologia. Isso é essencial para quem lida com o público. As instruções para as comunidades precisam ser dirigidas, sem falar nas noções de turismo. Somente na última turma, havia 32 policiais que falavam inglês, espanhol e francês fluentemente. Inclusive, eles participaram do curso promovido pela Riotur para a Rio 92. Isso é superimportante. Por essa razão, pretendo fazer com que nossos policiais tenham uma noção maior da área que forem cobrir.

As intenções pareciam genuinamente nobres.

Mais por urgência do que por critérios de escolha, Gentil Pitta começou despachando Chavarry para a 1ª Seção de Estado-Maior, mas logo o transferiu para Planejamentos e Operações, onde, no dia 6 de maio de 1992, o capitão pôde vivenciar sua própria história de ação, não pessoalmente, mas por meio de seus subalternos.

Eram oito da manhã, o sol se escondia por trás de nuvens carregadas, o clima estava gris, sem vida. Um Opala verde que transitava na segunda marcha pela avenida Brasil parou num acostamento próximo ao galpão da Rede Manaus de Pneus, no número 28.150, em Realengo. Seu motorista ligou o pisca-alerta como se estivesse com problemas, mas permaneceu dentro do veículo. Pouco depois, um segundo Opala, este da linha Comodoro e com placa da Polícia Civil, estacionou diante do mesmo galpão. Ninguém sabia ainda, mas eram todos comparsas no sequestro que se daria no interior da loja em minutos. Havia quatro sujeitos vestidos de policial no Comodoro; os quatro desceram. Um ficou à porta do galpão, enquanto os outros três, de arma em punho, entraram e renderam as quinze pessoas que trabalhavam ali, tornando-as reféns. Passaram então a esperar pela chegada do dono do estabelecimento, que fora chamado por telefone e que teria a chave do cofre.

Sequestro era o crime da vez nos anos 1990, garantindo manchetes de jornal e preenchendo com fartas imagens as grades dos telejornais. Aquele era só mais um e, embora fosse emocionante para os envolvidos, não chegaria a deixar marcas na crônica policial da cidade, tal a banalização desse tipo de investida. Ainda assim, ganharia uma página inteira no *Jornal do Brasil*.

Não muito distante dali, o comandante da guarnição da região, cabo Paulo Sérgio, recebeu por rádio a denúncia de que estaria ocorrendo um assalto na Rede Manaus de Pneus. Acompanhado do cabo Santos Rocha, foi averiguar. Estacionando no local, foram vistos pelo sujeito do

Opala verde, o do pisca-alerta ligado, que correu para o estacionamento do galpão, dilacerando o ar com sua corrida desesperada.

— Os canas tão vindo!

Eram cinco sequestradores contra dois policiais. O tiroteio durou quarenta minutos e terminou com o cabo Santos Rocha baleado, os reféns ilesos e cinco sequestradores carcomidos em bala e jazidos no chão da loja. Um dos bandidos, apelidado Russo, já trabalhara ali, decepcionando o ex-chefe, o dono do estabelecimento, que chegou ao prédio estarrecido com a novela daquela manhã. Chavarry estava orgulhoso de seus colegas, com direito a uma fala para a imprensa, sua primeira em alguns anos — sentia demasiada saudade da atenção e dos paparicos da infância, que nunca recebeu de fato, mas deles se lembrava como se os tivesse recebido.

Exaltado com o desempenho dos cabos, Chavarry inventou que um deles, muito astuto, teria estranhado a presença de um policial civil naquela loja pacata, àquela hora da manhã, e tratara de investigar, por isso a ação fora tão bem-sucedida. Infelizmente para o capitão Chavarry, o cabo Paulo Sérgio o desmentiu em entrevista para a mesma reportagem do *Jornal do Brasil*, contando a verdade, sem necessidade de mais glamour do que já havia — recebera um chamado via rádio e o atendera, o que era seu dever. A mentira, a princípio, serviria para mostrar a capacidade de Chavarry de coordenar seus subalternos, mas, com o passar dos dias, justamente pela contradição que provocou, o capitão virou motivo de chacota — pelas costas, claro. Se ele já era conhecido por parte da PMERJ como um homem de falas floreadas e pouco confiáveis, agora sua fama de enrolador cresceu exponencialmente na corporação.

Ele aprenderia uma lição importante sobre a imprensa, a primeira de muitas: a mesma mão paterna que acaricia os cabelos do filho desfere o tapa que deixa marcas.

junho a novembro de 1992

Os papéis subiam ao redor de Roberto, sufocando-o até ele começar a achar que não estava trabalhando num setor administrativo do Quartel-General da PMERJ, e sim no próprio arquivo de metal, mofando como os documentos de 1920 à espera de serem mandados para a Biblioteca Nacional. Ele odiava aquilo tudo, mas seu azar era ser bom demais no lidar com a papelada. Todo mês, sem falta, pedia a seu comandante que o deixasse trocar de setor, já que não podia sair do QG. Nada. A esperança veio com um chamado distante, lá da Zona Oeste: "Não quer vir trabalhar com a gente aqui no 14º?" Comandante da unidade, Gentil Pitta Lopes conhecia Roberto de outros contextos, sabia que ele era um policial íntegro e dedicado. Após aceitar o convite com muita gratidão, Roberto ouviu de Pitta que se apresentasse no batalhão com seus documentos o quanto antes para dar início ao processo de transferência. Ao ter tudo encaminhado, pensava Roberto, seu novo chefe o deixaria mudar para um setor mais interessante.

Chegando ao 14º, buscou informações e lhe disseram que ele deveria se dirigir ao capitão Pedro Chavarry Duarte, na salinha do térreo. Um fardado apontou o caminho. A porta estava encostada, Roberto deu duas batidinhas e entrou. Sentado na contraluz, Chavarry ouviu a demanda do visitante e, em seguida, deixou-o surpreso com uma resposta estapafúrdia:

— Pois então... para poder passar os documentos pra cá, vai ter que me dar umas coisinhas, né?

Roberto esperava havia tempos uma oportunidade para mudar de função e não estava nem um pouco disposto a correr o risco de perder aquela vaga se metendo em confusão só para molhar a mão de um capitão folgado. Retornou à sala do comandante.

— Parece que não vou poder vir para cá, coronel Pitta.

— Algum problema?

— O pessoal lá embaixo não tá ajudando.

Entendendo tratar-se de tentativa de extorsão, Gentil Pitta Lopes levantou-se da cadeira, rodeou sua mesa e caminhou até a janela, onde pôs a cabeça para fora e gritou, peremptoriamente:

— Chavarry, venha aqui agora!

Nem sessenta segundos se passaram entre o imperativo e a entrada do capitão, ciente do significado daquele tom de voz.

— Fala, chefe — apresentou-se, suando como um boi que ouve o abate alheio toda noite, à espera de seu inevitável fim.

— Cadê os documentos dele? — indagou-lhe o coronel, apontando Roberto.

— Ah, eles tão lá na mesa, eu vou pegar e arrumar — prontificou-se Chavarry, humilde.

— Olha, eu tentando puxar o cara pra cá, homem bom, e tu me faz isso? — devolveu-lhe o coronel com certa graça, mas com uma advertência irônica evidente ao chamá-lo de "homem bom".

O comandante fez sinal para que Roberto acompanhasse o capitão de volta à salinha do andar debaixo. Quando emburrado, as bochechas de Chavarry ficavam em ponto de ebulição. Elas estavam assim naquele momento. Fez o que lhe foi ordenado e, após assinaturas e carimbadas desgostosas, esticou, reticente, os documentos a Roberto, que agradeceu e saiu, com a convicção de que se algum dia alguma notícia chegasse até ele a mando de Chavarry com certeza não seria boa coisa. Chavarry nunca conseguira se transferir. Gostava de acreditar que a chefia no QG era muito fã de seu trabalho; se ele saísse dali, sabe-se lá quando teriam outra pessoa que compreendia tão bem como ele o tratamento que os documentos merecem.

O comportamento corrupto do capitão não era nenhuma aberração no 14º, apenas indiscreto demais para passar sem uma bela bronca do comandante. A baixeza de seu ato envergonhava o batalhão perante a sociedade e os colegas, ouviu do superior. Assim, quando em novembro um senhor de pele parda, cabelo liso e bigode fino chamado Castor Gonçalves de Andrade e Silva, o contraventor mandachuva de Bangu, ofereceu um pagamento ininterrupto de propina a Gentil Pitta e a alguns de seus homens para que fizessem vista grossa às suas atividades clandestinas — Chavarry incluso —, o acordo foi selado na hora, mas sem comprometer a imagem do batalhão. A questão não era aceitar ou não suborno: a questão era saber, ou não, fazer isso com a devida discrição. Seriam 300 mil cruzeiros para o capitão e 2 milhões de cruzeiros para o coronel por mês. Mas esses valores variavam a cada mês; aliás, valores altos em comparação ao real, por conta da desvalorização exponencial da moeda brasileira.

Aquele não era o primeiro contato de Chavarry com Castor. Em 28 de maio de 1988, no Leblon, que partilhava com Ipanema o título de metro quadrado mais caro do Brasil, o contraventor Marco Aurelio Correa de Mello (o "Marquinho Capitão"), filho do bicheiro Raul Capitão, morreu após rajadas de metralhadoras atingirem seu carro durante um tiroteio com matadores, ferindo o motorista, que também exercia a função de segurança do bicheiro. Tratava-se do PM Ademar Vieira Parreira Filho, conhecido como "Hulk", que, no hospital, contou que passava casualmente por ali e fora socorrer o homem no carro assim que notou o ataque, sendo atingido por consequência.

Na época, membros do SNI acreditaram que o executor do "Marquinho Capitão" teria sido um dos matadores "oficiais" da ditadura militar, o delegado Cláudio Guerra, que, décadas depois, buscaria redenção relatando em livro pecados e crimes — seus e de toda uma época. Já o secretário da Polícia Civil, Hélio Saboya, achou que poderia ser um crime motivado pela ganância de Osman Pereira Leite, policial civil suspeito de ser sócio de Marquinho e sob investigação em São Paulo e Minas Gerais. Contudo, nada disso importava a Chavarry, que fora arbitrariamente designado para realizar uma sindicância a fim de descobrir se o PM Hulk trabalhava para o contraventor ou se o envolvimento dele no episódio era, de fato, mera coincidência e ato heroico.

Por mais que a versão de Hulk fosse inconsistente e inverossímil, o resultado dos vinte dias de investigação de Chavarry foi o de que o PM seria "idôneo" — tão idôneo quanto ele próprio, um integrante do mal-afamado 14º Batalhão. Antes desse caso, Chavarry fora designado para executar diversas outras sindicâncias e seu veredito se mantivera linha-dura. Mas, a partir da segunda metade dos anos 1980, a falta de conclusão em suas diligências e a indicação para que os processos fossem arquivados tornaram-se a regra.

Até hoje não se sabe quem matou "Marquinho Capitão".

7. Primeiro flagrante

15 de dezembro de 1992

— Como eu disse, Vera, sempre que tiver alguém precisando, pode mandar pra mim, não tem problema algum, longe disso — disse Chavarry ao telefone.

Do outro lado da linha, Vera Lúcia, assistente social do Banco da Providência, relatava a Chavarry as agruras de uma mãe em situação vulnerável que tivera uma segunda filha, Rafaela Coutinho. Clarissa era o nome da mãe, que fora orientada por Vera Lúcia a se dirigir ao 14º BPM para ser auxiliada na busca por creche, assunto sobre o qual Chavarry se dizia quase um doutor *honoris causa*. Não seria a primeira mãe que supostamente ele ajudaria nem a última. Longe disso, era apenas o começo de um reinado sobre as necessidades de maternidades insalubres demais para serem guiadas sozinhas — e ele próprio quase acreditava nisso.

No entardecer do dia seguinte, Clarissa já batia no batalhão de Bangu com sua bebê no colo.

1983 a 16 de dezembro de 1992

O início da maturação do corpo feminino pode vir tanto aos oito quanto aos quinze anos, e, uma vez que chega, os olhares e o tratamento recebidos pela mulher mudam drasticamente, o que não é uma escolha dela, muito menos é justo. E Clarissa Coutinho sentiu isso na pele negra como quem sente uma gilete abrir os pulsos mas poupar a vida. Tinha catorze anos quando os seios ficaram proeminentes, a cintura se acentuou e os cabelos escuros ondulados engrossaram como correnteza de um riacho sob o breu do céu estrelado. Foi após o assédio de certo vizinho que o pai notou que a filha já não era menina e desferiu a palavra que para sempre ecoou na autoestima da garota:

— Piranha.

Tinha culpa? Havia do que se culpar, para começo de conversa? Não importava, que saísse de casa e não voltasse mais, disse o pai, possesso por seu machismo e por influência de uma esposa vil. A mãe de Clarissa era a verdadeira dona do apartamento em que moravam, tendo deixado ali a filha com o patriarca e a madrasta, enquanto se enfurnava numa clínica de reabilitação na esperança de se recuperar do alcoolismo que havia mais de uma década a afligia — em seu âmago, entretanto, hesitava em abandonar ou não a velha amizade engarrafada. A mulher sofria também de epilepsia, o que a tornava tão dependente e vulnerável quanto a filha, mais até. Assim, o pai de Clarissa não tinha direito algum de expulsá-la do único lar que a jovem conhecera a vida toda, tampouco de declarar posse da casa.

Adeus escola, pensou ela, cujo histórico já não era bom, com notas medíocres e uma reprovação nas costas. Mas era isso ou morrer de fome, então iniciou a labuta. Tornou-se auxiliar de cozinha e morou de favor por um breve período até conseguir contato com a mãe. Juntas, conseguiram derrubar a prepotência de seu pai, expulso de casa com a mala numa mão e a madrasta na outra. O apartamento ficava no bairro de Padre Miguel, na Zona Oeste, e era suficientemente confortável para as condições financeiras delas — uma trabalhadora adolescente e uma secretária aposentada, com o salário de uma secretária aposentada, ou seja, a mixaria da época.

De auxiliar de cozinha Clarissa mudou para jornaleira, entregando o noticiário de porta em porta cidade afora. Num esforço final, concluiu a sétima série no período noturno, numa rotina que erodia qualquer ânimo de vida. Em meio a esse frenesi, aos dezenove anos encontrou tempo para apaixonar-se, iludir-se e engravidar, ficando solitária na maternidade. O pai da criança era um colega de trabalho que, assim que descobriu a gravidez, sumiu. Sua mãe foi companheira. Todavia, uma companheira com muitas limitações e fragilidades.

Quando Daniele veio ao mundo, só lhe restava deixar que a mãe a ajudasse a criar a menina, o que acabou sendo um problema, não por má vontade da avó, mas por seu alcoolismo. Clarissa passou a viver um pesadelo incontornável: sair para trabalhar, exaurir-se por um salário ingrato, chegar em casa para levantar a mãe do chão ou da cama e tentar poupar a filha de ficar ainda mais exposta a uma realidade que "Deus me livre" de virar seu futuro. No apogeu do desastre, Clarissa não viu saída senão ligar para uma tia por parte de mãe e pedir a ela que fizesse companhia à irmã por um tempo.

— Pedi pra cuidar da minha mãe, daí [minha tia] pediu o cartão do INSS dela e foi a pior burrice que fiz na minha vida.

Em poucas semanas, a tia desapareceu com a irmã por dentro de Nova Iguaçu, na Baixada Fluminense, deixando Clarissa e a bebê sozinhas no apartamento. Após um mês e meio — período em que ela se desdobrou para trabalhar e cuidar da filha ao mesmo tempo —, apareceu o marido de sua tia, um delegado do bairro da Penha, comunicando que Clarissa deveria juntar as trouxas e chispar no horizonte de possibilidades que era o Rio de Janeiro, ou assim ele quis fazer parecer. Na verdade, após algumas maracutaias, conseguiram convencer a mãe dela a expulsar a filha do apartamento, vendê-lo e comprar uma casa em Nova Iguaçu — o sonho de quase ninguém.

A partir dali, Clarissa entendeu: o desespero e a miséria seriam seus companheiros por muito tempo ainda. Certo dia ouviu de alguns amigos que deveria se instalar em um barraco próximo do rio do sub-bairro de Catiri, englobado por Bangu; ninguém perceberia, e se percebessem não fariam nada de ruim para ela. Ninguém liga para a terra envolta em um lixão como o da região. Clarissa se favelizou e se mudou para a pior condição que conseguia imaginar, trabalhando no lixão, onde remexia nas colinas de restos urbanos torcendo para não ser mordida por um rato, sempre em busca de tralhas de algum valor para venda ou, mais raramente, para si mesma.

— Cê tinha que ver as condições que eu vivia naquela época. Barraco de madeira, madeira do rio, banheiro de barraco de madeira. Horrível.

Dividia a moradia precária com uma amiga que também trabalhava fora, por isso deixava Daniele com uma vizinha idosa.

Em 1992 engravidou novamente, dessa vez de um amigo lá de Padre Miguel, onde morou com a mãe. Como todos os homens de sua vida, ele a abandonou, desvaneceu no horizonte da Paraíba. Voltaria alguns anos mais tarde, mas Clarissa era — e ainda é — resoluta quanto a homens como ele:

— Eu não fico procurando contato. Nunca ajudou em nada, nem um pão, nem uma fralda.

Enfim, ela teria uma segunda filha. Como lidar? A mais velha, de três anos, já tinha idade suficiente para se cuidar, ao menos pelas manhãs, deduzia Clarissa. Mas as contas mal se pagavam com o vasculhamento de lixo. Teria de pedir ajuda, pensava.

Uma amiga da Vila Kennedy indicou que fosse à Catedral Metropolitana, pois as freiras poderiam doar-lhe cestas básicas e eventuais quantias para pagar gás e luz; quem sabe, continuou a amiga, ela não teria a sorte de encontrar o capitão do qual todos falavam bem? Clarissa nem prestou atenção à segunda parte da conversa e tomou o rumo da Catedral. Lá foi aconselhada a procurar o Banco da Providência, cuja entrada ficava na área externa da majestosa oca cristã. Foi acudida pela assistente social Vera Lúcia, que Clarissa tomou por freira, sabe-se lá por quê. Vera Lúcia aconselhou-a a dirigir-se a um ponto mais próximo da moradia dela, no caso, o 14º BPM, em Bangu. Supostamente, lá encontraria um homem que se assemelhava a um santo, de tamanha bondade que não cabiam descrições. Clarissa voltou para casa e só no caminho entendeu tratar-se do mesmo capitão já mencionado por sua amiga da Vila Kennedy. Aguardou o nascimento da segunda filha.

■

Rafaela, seu segundo amor, nasceu em 29 de novembro de 1992. Puxou ao pai, loiro de olhos azuis, descendente de holandeses, o oposto da mãe, negra de olhos escuros, mistura de escravo com indígena e algum toque de europeu em meio à linhagem. A beleza estonteante da garota, dizia, emocionava-a. Eram lágrimas de estupefação de alguém que preferia ver os traços de outro na própria filha. De alguém cuja autoestima fora minada ainda na adolescência.

Em 16 de dezembro, ela amanheceu com esperança de conseguir uma solução para seu impasse. Não tinha acesso a creches nem dinheiro para babás, mas precisava trabalhar. Conversara com Vera Lúcia na véspera, e aquele dia 16 trazia o frescor de novos ventos e oportunidades.

Finalmente, com a bebê nos braços, bateu na porta do 14º Batalhão e foi conduzida até uma saleta no primeiro andar da construção, onde foi muito bem-recebida:

— A senhora deve ser Clarissa, entre, sinta-se à vontade, vamos falar sobre a sua filha. Eu me chamo Pedro Chavarry Duarte.

dezembro de 1992 a 18 de março de 1993

O sentimento de confiança entre Clarissa e Chavarry se estabeleceu instantaneamente. Afinal, o capitão tinha o aval de uma amiga e de uma freira, que, na verdade, não era nem nunca se apresentou como uma, não passando de uma assistente social mal compreendida. Após uma detalhada explicação do capitão sobre como várias mulheres trabalhavam em sua creche, localizada em Bangu II, não havia mais o que questionar, pensou Clarissa, aliviada por poder garimpar o lixão sem se preocupar com a segurança da sua mais nova. Chavarry não tinha creche alguma. Seu único negócio possivelmente era fazer o mesmo que as outras quatro dezenas de PMs na lista da propina do bicho faziam: não atrapalhar os empreendimentos ilícitos de Castor de Andrade.

Desde aquele 16 de dezembro de 1992, quando Clarissa lhe entregou a criança, até 18 de março de 1993, em todos os dias úteis da semana

Chavarry pegou a recém-nascida por volta das sete e meia da manhã e a levou para a casa de número 183, em Bangu II, onde a deixava dopada em Lexotan, sedativo para adulto que deve ser cortado em pedacinhos quando dado para crianças, e em condições específicas. Vez ou outra a droga, fracionada sem muita precisão, falhava em mantê-la vegetando naquele cubículo encalorado e ela berrava.

Clarissa estava feliz com seu rendimento no trabalho, acreditando que a caçula se encontrava nos braços quentes de alguma senhorinha de bom coração na creche do capitão. Em uma de suas minerações, encontrou uma pulseira, que entendeu ser de ouro, com "Amanda" cravado na região central; achou-a belíssima, um tesouro perdido no enxofre do que fora renegado pelo ser humano, perfeita para o pulso magrinho de sua bebê. Um dia pôs o artefato junto das fraldas e da mamadeira que separava para a menina numa bolsa azul quando Chavarry a pegava. Mandava fraldas e alimento porque queria aliviar, como pudesse, os gastos da creche com sua criança, com a qual eles, teoricamente, não tinham nenhuma obrigação verdadeira, pensava.

■

No dia 18 de março de 1993, Chavarry seguiu sua rotina: pegou Rafaela pouco depois do nascer do sol, não sem antes prometer a Clarissa que em breve a tiraria do lixão, e rumou para Bangu II. Desceu do carro e entrou na casa 183 portando uma bolsa de couro, onde escondia a infante, a fim de evitar que mais vizinhos o vissem com crianças, como já ocorrera. Dopou a menina com a última fração de um comprimido de Lexotan e seguiu para seu emprego, no 14º BPM. Ele só não calculou que a dose era pequena demais até para um bebê, permitindo que ela acordasse pouco tempo depois e chorasse — um erro irremediável, cujo estrago seria pior do que nas outras vezes.

No fim do dia, o capitão virou a esquina empoeirada da rua Nove com seu Fiat Uno vermelho meia hora antes das cinco, seu horário-padrão. Não sabia o que o esperava.

18 e 19 de março de 1993

O choque do beijo do cano da pistola em sua testa, logo após abrir a porta de casa e entrar, transmitiu um eletrizante arrepio por todo o corpo de Chavarry, impressionado com a sensação de estar do outro lado da arma. O sol se punha e levava consigo a paz do capitão. Ele penetrou seu olhar nos olhos do soldado que o rendia e depois nos do colega que assegurava a operação e protestou, alertando:

— Sou capitão, sou capitão, e sofro do coração.

A sudorese gritava nervosismo pelas manchas da camisa social listrada. Não sabendo como contornar a situação, Chavarry tinha esperança na piedade de seu superior, o coronel Gentil Pitta.

— Eu faço trabalho social, eu faço trabalho comunitário! Não sou bandido, tenho autorização da mãe — continuou.

Os outros envolvidos na ação finalmente apareceram na rua para avaliar a prisão de Chavarry, que, embora rendido, não poderia ser algemado pelos rapazes — era um superior. Foi quando o capitão Celso Araújo, que coordenava a operação, sentiu mais fortemente sua ambivalência perante o homem: outrora dividiram boas lembranças, mas agora o colega era tachado de traficante de crianças — para pior. Por fim, decidiu-se, embora a ordem de prisão não pudesse ser expressa:

— Pedro, vamos ter que te levar preso.

Que tipo de amigo faz o outro passar por uma situação tão constrangedora quanto aquela?, perguntava-se Celso Araújo, irritado e confuso.

Chavarry apelou justamente para esse sentimento e pediu permissão para se apresentar sozinho na 34ª Delegacia de Polícia, em Bangu mesmo, aonde chegaria dirigindo o próprio carro. A caminho, daria uma breve passada na casa de Clarissa, mãe da criança — cujo nome era Rafaela, revelou por fim aos subalternos. Funcionou.

Mesmo após o flagrante, foi concedida a Chavarry a liberdade de entrar em seu carro e seguir sem escolta pela paisagem decadente de Bangu, rumo às partes mais insalubres e fétidas de Catiri, onde Clarissa sobrevivia. Não a encontrou em casa e pediu a um vizinho que a avisasse de que deveria comparecer urgentemente à DP de Bangu, ou poderia acabar perdendo a guarda de sua mais nova. Assim, após Chavarry desaparecer no horizonte vermelho-pastel, o vizinho de Clarissa correu até o lixão, deparando-se logo com ela, que vinha em sentido contrário. Voltava do trabalho, combalida por um dia infrutífero.

— Toma um banho, troca de roupa e vai direto pra 34ª. Pegaram a tua filha, a Rafaela, um tal de doutor Chavarry passou aqui. Corre, senão ela vai pro Juizado de Menor — informou ele, com um olhar pavoroso.

Clarissa travou por alguns segundos, encolhendo os ombros como quem se percebe defronte da morte. Fez o que o amigo indicou: correu para casa e tomou um banho — o cheiro do lixo poderia piorar sua imagem diante das autoridades. Ao sair para resolver o impasse, sobre o qual muito pouco sabia ainda, pensou: "O cara faz merda e eu que pago o pato." Perto da delegacia, ressignificou a situação, deixando a desconfiança evaporar e concluindo que decerto se tratava de um mal-entendido, afinal "ele comprou remédio, comprou leite, cuidava da minha filha; se fosse mesmo uma pessoa má, não tinha ajudado minha filha, roubava ela logo".

.

Sob o comando do delegado Luis Bordiak, espremiam-se na 34ª Delegacia de Polícia o oficial de justiça Fernando Francisco de Couto; o deputado estadual Paulo Melo; o líder comunitário Wander Germano; o capitão Celso Araújo; a mãe da criança, Clarissa Coutinho; os membros da associação de moradores Gilber de Azevedo e Sônia Carneiro; os policiais que renderam Chavarry; além, claro, do próprio Pedro Chavarry Duarte. A fila para falar era longa.

O primeiro a fazê-lo foi o oficial de Justiça Fernando Francisco de Couto: ponderou que, apesar da atrocidade do caso, de acordo com relatos a criança não aparentava maus-tratos nem lesões físicas gritantes. Em seguida, Clarissa: relatou que conhecera Chavarry por intermédio de uma freira da igreja do Centro, via-o como um anjo, ou pelo menos uma surpresa agradável em sua vida, e que, até onde soubesse, ele nunca tinha feito mal a Rafaela; todavia, mencionou, certa vez uma amiga sua, de nome Jurema, moradora da Vila Kennedy, revelara que o capitão a ajudava de forma mais intensa e que ele estava trabalhando com a intenção de dar a filha dela para uma adoção não registrada, irrastreável e mais ágil que as habituais — portanto, ilegal —, porém, não soube precisar o endereço da amiga, que morava num desses lugares que só é possível identificar chegando lá. Gilber e Sônia contaram sobre a cena de dois dias antes em Bangu II e das reclamações de vizinhos sobre o crescimento do capim e o choro do bebê. E, antes que o capitão Celso Araújo pudesse contar sua versão da história, o coronel Gentil Pitta entrou inesperadamente na 34ª e atropelou a noite de depoimentos.

— Quem vocês acham que são pra prender o meu homem? E no meu território, ainda por cima?! Vocês passaram por cima do meu poder, desrespeitaram o meu batalhão, principalmente você, senhor Celso Araújo — acusou, no limite entre a fala dura e o grito e apontando o dedo para todo mundo, menos seu capitão, detido em flagrante. — Fora que vocês nem têm prova de qualquer crime.

— Como não? — questionou Wander, levantando-se. — A criança tava largada na casa. Não é prova pro senhor?

— Ah, parece que o liderzinho tá se achando o verdadeiro Mandela, não é mesmo? — zombou Gentil Pitta.

O delegado Luis Bordiak pediu ao comandante do 14º BPM que acalmasse os nervos e deixasse o trabalho prosseguir sem interferência, pois aquela não era a sua jurisdição, devendo ele, por conseguinte, portar-se como um cidadão comum. Deixou, assim, que o capitão Celso Araújo depusesse, num testemunho que já começou com uma reclamação a respeito da atitude de Gentil Pitta, beirando a agressão física. E o depoimento prosseguiu com a explicação de Celso Araújo sobre ter se distanciado na hora do flagrante por ser amigo do suspeito, o que o deixava numa situação internamente contraditória; e disse também que deveria ter se encontrado com o deputado Paulo Melo na frente da fábrica da Coca-Cola, mas, infelizmente, ele não estava lá.

Curiosamente, em seu depoimento Paulo Melo mencionou terem se encontrado, sim, no local combinado; mais adiante, omitiu detalhes de sua relação pessoal com Wander e do antagonismo já antigo da associação de moradores para com Chavarry, o que ouvira da boca do próprio líder comunitário. Líder esse que, diante do delegado, inventou ter curso de "enfermagem psiquiátrica" e, assim como o colega deputado, omitiu detalhes que lhe fossem inconvenientes, como aquela espécie de liga da justiça mirim criada por ele em Bangu II, a abertura prévia da janela da casa 183 por Lilico e o fato de que já vinha tendo atritos com Chavarry havia alguns meses.

Chavarry, por fim, tratou de se defender, embora de modo mais informal, sem que suas declarações constassem dos autos por invocar o direito ao silêncio. Disse que não era o que parecia, que pagava "mães crecheiras" para cuidar de crianças naquela casa, mas que, por algum motivo inexplicável, não sabia nem o nome nem o endereço da mulher que, supostamente, cuidava da menina. Arriscou tratar-se de alguma Maria. Da mesma forma afirmou que aquele era o lar de sua tia, também de nome a esquivar-se da memória; e que ela teria permitido que ele utilizasse o espaço eventualmente, pois tivera de se ausentar para cuidar de uma filha em outra casa.

Nada em sua versão fazia sentido. Mas aquela era a sua verdade, e Chavarry teria de trabalhar ao redor dela. Matutou-a durante a única noite em que permaneceu preso por conta de seu envolvimento com crianças, já que no dia seguinte voltou a respirar os ares da liberdade pela bagatela de 500 mil cruzeiros de fiança. Agora, sem saber quando seria chamado a depor, precisava arranjar uma Maria que pudesse interpretar o papel de babá da jovem Rafaela em seu teatro mal escrito. Quanto à menina, que, segundo a mãe, fora encaminhada ao Juizado de Menores após ser retirada da casa 183, no dia seguinte passou por um exame de corpo de delito que não apresentou vestígios de violência.

No mesmo dia seguinte, um colega de Chavarry do setor de relações públicas do 14º Batalhão, Marcelo Benetti Ribeiro, tentou ajudá-lo indo à 34ª DP a fim de esclarecer um dos pormenores obscuros da tarde anterior: a origem das receitas médicas em nome de uma tal Érica Meirelles, encontradas na casa. Homem notadamente inseguro e de fala fragilizada, esforçou-se para chegar até o fim da história sem gaguejos. Dizia-se amigo antigo do capitão, até então sem muita intimidade, mas que ambos reforçaram o laço afetivo por meio de um estranho favor que ele se viu compelido a realizar, quando meses antes, numa terça-feira, Chavarry o chamou para um cantinho e revelou:

— Estou com uma criança aí, sabe? Faço parte de um sistema de instituição de caridade e tô precisando de uma ajuda tua. Eu preciso que você tome conta de uma criança em sua casa. Apenas por uma noite.

Marcelo Benetti Ribeiro não soube como reagir de início, mas acabou por aceitar — quem não gosta de um bebezinho fofinho e gordinho?, pensou. Sua esposa. A resposta era: sua esposa. Não que ela sentisse ojeriza a crianças ou algo do gênero, mas não se sentia preparada para nutrir uma vida tão delicada quanto a de uma recém-nascida de três meses, idade da que lhes foi entregue às oito e meia da noite daquela terça, cuja data precisa ele não lembrava. O sangue lhe subiu à cabeça quando percebeu que o serzinho espirrava, provavelmente resfriado, algo inócuo em um adulto, mas passível de complicações em criança. O casal tratou dela como pôde, como sabia. Na manhã seguinte, às dez horas, Chavarry apareceu para pegá-la.

— Nunca mais — ouviu da esposa do colega.

Passaram-se 24 horas e, no trabalho, ele já tornou a levantar a mesma demanda a Marcelo, que, mais uma vez, encontrou-se algemado pela própria solicitude exacerbada. Os dois chegaram na casa do pobre coitado com a bebê no colo. A esposa abriu a porta e deixou o marido entrar, mas bloqueou a passagem de Chavarry e da criança.

— Falei que não íamos cuidar mais de bebê pra ti, Pedro.

O capitão insistiu até notar, no fundo da sala, uma senhorinha de cabelos castanho-escuros e baixa estatura. Chamava-se Neuza Pereira Aguiar e era sogra de Marcelo. Mulher com espírito de cuidadora, tinha certa experiência velada com a função; apertou a mão de Chavarry e comprometeu-se a cuidar da garota. Não morava com o genro, e sim em Realengo, perto de um conhecido posto de gasolina da avenida Brasil, o Posto Vagão.

— Qual o nome dela? — perguntou Neuza olhando a menina.

— Érica Meirelles — respondeu ele.

Marcelo Benetti Ribeiro continuou contando que Neuza ficou com a bebê entre terça e quinta da semana seguinte, quando Chavarry tomou-a de seus braços por algumas horas alegando ter de levá-la até uma assistente social. Devolveu Érica após o crepúsculo. As receitas encontradas na casa 183 em nome de Érica teriam sido repassadas a Chavarry, segundo Marcelo, por Neuza, que a teria levado a um hospital para fazer um *check-up*. Após uma semana cuidando da criança, ainda de acordo com Marcelo, Neuza recebeu de Chavarry um menino para cuidar, Rafael Meirelles, irmão de Érica.

No dia 20 de março de 1993, a Polícia Militar do Rio de Janeiro instaurou uma sindicância para apurar o crime da casa 183, envolvendo a menina Rafaela Coutinho. Mas os pais de Rafael e Érica jamais seriam ouvidos por policial algum.

■

Embora tivesse confirmado para a polícia que passara o contato de Chavarry a Clarissa, a assistente social Vera Lúcia negou o fato à imprensa, que acatou sua versão e nunca mais tocou no assunto. Ela trabalhava no Banco da Providência desde 1974 e não apenas temia que o caso afetasse a imagem da instituição e da Catedral Metropolitana como corria o risco de perder o emprego por seu descuido em não checar credenciais.

Enquanto o mundo de alguns envolvidos ruía, Chavarry, suspenso de suas atividades no 14º até que o processo transitasse em julgado, teria recebido, em abril daquele mesmo 1993, duas propinas de agradecimento enviadas por Castor de Andrade. Uma primeira, de 600 mil cruzeiros, e uma segunda, muito mais tímida, irrisória até, de 12 mil. Não era tanto quanto provavelmente desejaria, tampouco o mesmo valor que o coronel Gentil Pitta Lopes teria recebido, mas poderia ajudar nas custas do processo por vir. Constituiu advogados: Eduardo Mansur Mattar e Alexandre José Farah.

8. Trânsito em julgado

No dia 15 de abril de 1993, quase um mês após o flagrante em Bangu II, Chavarry foi devidamente interrogado na sala de audiência da 2ª Vara Criminal de Bangu. Foi quando tentou convencer o juiz Marcos Antonio de Bakker de que todas as testemunhas mentiam deliberadamente sobre a sua pessoa. Parte de sua tese, fundamentada em sentimentos de grandeza, girava em torno de sua candidatura política pregressa. Embora tivesse falhado miseravelmente em conseguir destaque midiático nas eleições de 1988, insistia que havia um peso considerável em sua vida por ele ter sido o terceiro mais votado entre os de sua sigla, atraindo para si inimigos políticos graúdos.

— Eu e minha esposa auxiliamos crianças carentes, a gente colabora com creches. E, olha, sou um homem quisto, um homem relevante, já participei da administração do Orfanato da Polícia Militar — inventou.

No começo, corroborou a versão de Wander de que ambos nunca haviam tido atritos. Depois mudou de ideia e foi além: relatou que era sensitivo e percebia que causava inveja e incômodo nas outras pessoas o fato de ser um político nato, o que teria motivado um complô contra ele, armado pela associação de moradores e seus aliados. Os policiais continham o ímpeto de rir. Como Chavarry tivera quase um mês para arranjar quem confirmasse a fábula da "mãe crecheira" que cuidava de Rafaela Coutinho, citou dois nomes aos policiais que o interrogavam: Neuza, sogra de seu amigo Marcelo Benetti Ribeiro e cuidadora de Érica Meirelles, que tinha um irmão chamado Rafael; e dona Sônia Mortoni, mulher de grande coração, moradora de Nova Iguaçu e responsável por cuidar diariamente de Rafaela.

Chavarry apresentava um relato com tantas coincidências convenientes para si que sua obra de história oral deveria ser classificada como pastiche da própria vida. Relatou que, naquele dia em que fora detido em Bangu II, dona Sônia Mortoni cuidara da menina Rafaela na casa 183 somente até o almoço, tendo ido embora antes da chegada "de Paulo Melo e sua gangue", por isso ninguém a vira. Pobre Chavarry, tão azarado, pensava de si mesmo.

— Mais tarde, depois daquele horário, dona Sônia ia levar a menina pra casa da dona Neuza, como a gente fazia geralmente. Só que daí a dona Neuza não tinha voltado da viagem pra Itaguaí [na Região Metropolitana do Rio de Janeiro]. Viagem que eu nem sabia que tinha feito, para você ter uma ideia. Quem me contou isso foi o cunhado dela, né, então corri para o meu carro, sabendo que a pobre Rafaela se encontrava sozinha.

Nesse ponto da narrativa, explicou que só aí se deu conta de que tomara uma rasteira do próprio descuido naquele dia, pois se esquecera de que seu Fiat Uno vermelho estava no lava a jato do Posto Vagão, onde teve de ir buscá-lo, o que o impediu de chegar à casa 183 no horário de sempre. Ah, as coincidências da vida!

— Ora, eu cheguei na casa e me disseram que eu tava praticando tráfico de criança, nem faz sentido isso aí. A menina Rafaela não apresentava condições gritantes de maus-tratos. Admito, claro, que tem uma certa precariedade nos recursos da mãe da garota, daí ela não tava em condições perfeitas.

A convicção da fala contrastava com os itens mais estranhos encontrados na casa e não esclarecidos, em especial a câmera fotográfica — para a qual arranjou a desculpa de que tirava fotos para presentear as mães, mesmo que não tivesse estúdio, iluminação e, segundo ele próprio, tampouco passasse tempo com as crianças — e, claro, o sedativo de adulto, o Lexotan 3:

— Ah, ele era da minha tia, ela dava pra minha prima, sabe, as donas da casa...

Quando questionado sobre Érica, cujo nome estava nas receitas, ratificou a versão do amigo Marcelo. E ressaltou que, por mais que a menina estivesse nos braços de Neuza havia mais de três meses, pretendia devolvê-la à mãe, que já tinha um exército de filhos para cuidar, zombava Chavarry.

Como já dito, nenhum policial foi ouvir os familiares de Érica.

abril a junho de 1993

Àquela altura, ninguém aguentava mais ver o Fiat Uno vermelho passar pela estrada de Gericinó e adentrar a travessa Ipiranga. Ainda assim, Clarissa ficou feliz ao receber a visita do amigo, principalmente após toda aquela confusão que quase culminou com a perda da guarda da filha. Agora Clarissa estava numa espécie de quarentena determinada pelo serviço social — um deslize que fosse e voltaria a ser mãe de uma criança só. Já não trabalhava no lixão com tanto afinco quanto antes, tinha pouca disposição e demasiado medo de que algo tenebroso pudesse ocorrer com sua família. Daí a visita de Chavarry.

— Eu te disse que te tiraria do lixão, não disse?

— O que você quer dizer com isso, Pedro?

— Vim aqui porque eu te devo uma, por todo o transtorno — respondeu devagar, avaliando a reação da moça. — Amanhã você vai começar no seu novo emprego.

Office girl. Na nova rotina, Chavarry buscava Clarissa e a menina Rafaela quando o dia principiava, enquanto a outra filha, Daniele, ficava em casa sozinha. A bebê seria entregue a alguma senhorinha boazinha, dizia ele, retomando o domínio sobre a vida delas. Nada garantia, nem nunca garantiu, que a garota não ficaria largada em mais uma casa aleatória; era unicamente uma questão de fé. Clarissa era deixada em Olaria, onde trabalhava para um colega de Chavarry, um militar de semblante misterioso. A primeira tarefa da jovem foi levar uma quantidade abundante de cédulas para o banco e depositá-las. Um teste de confiança. Desde então, todo dia Clarissa percorria os bairros vizinhos levando e trazendo documentos, encomendas e elevadas quantias, sem nunca saber ao certo para quem trabalhava nem para o quê.

Chavarry entendia o desespero das pessoas quando mergulhadas na miséria. Aproveitou-se dessa faceta da vida de Clarissa e estreitou a relação com ela, mas somente enquanto ela fosse útil, enquanto pudesse fazer aflorar nele um sentimento de gratidão por conta dos depoimentos que ela ainda tinha de dar à polícia. Funcionou, pois, mais tarde, Clarissa tomaria as dores do amigo no tribunal e atribuiria maldade e conspiracionismo às testemunhas de acusação.

■

Era 29 de junho. Clarissa e o deputado Paulo Melo finalmente depunham na 2ª Vara Criminal de Bangu, enquanto o juiz Marcos Antonio de Bakker, à frente da audiência, se impacientava com a morosidade dos relatos, quase todos incongruentes. Como testemunha de defesa, Clarissa garantiu a idoneidade de Chavarry, o homem que salvara sua filha da penúria. Foi além e acrescentou que, se alguém era suspeito, esse alguém seria Paulo Melo, que lhe teria oferecido dinheiro em troca de mentir dizendo que não sabia da origem da pulseira que ela encontrara no lixão e colocara na bolsa da filha. Todavia, ela não soube explicar por que cargas d'água o parlamentar lhe teria feito essa proposta. Nem tampouco se ela própria havia recusado ou não.

Irritado, o deputado coçou-se no banco de testemunhas; era verdade que dera certa quantia à moça, mas alegou que só quis contribuir com a alimentação da bebê, pois tinha noção de que a economia do país não favorecia pessoas como ela. Contudo, a entrega de dinheiro era um ato inegavelmente suspeito, um ato nunca esclarecido que acabou se perdendo para sempre nos arquivos do Tribunal de Justiça. Esse fato obtuso somou-se às análises periciais e deu uma sobrevida a Chavarry: a câmera não pôde ser devidamente estudada. Seu conteúdo estava prejudicado, possivelmente por exposição descuidada do equipamento à luz, queimando as imagens eventualmente ali gravadas. Fora isso, o exame de corpo de delito indicara que a criança não parecia ter sofrido violência sexual.

■

Por alguns meses, a Polícia Civil e a 2ª Vara Criminal de Bangu tentaram entrar em contato com dona Sônia Mortoni, que, conforme dizia Chavarry, cuidava de Rafaela diariamente. De começo, só a Polícia Militar, que realizava uma sindicância sobre o assunto a ser entregue à própria PMERJ no dia 19 de abril, pôde conversar com ela, que compareceu ao QG da PMERJ acompanhada de um advogado. O tribunal só veria a face pálida da mulher em 20 de julho.

Em ambos os depoimentos, dona Sônia admitiu ter conversado com Chavarry antes de se apresentar, mas negou ter recebido instrução sobre o que declarar — havia sido exclusivamente um papo entre amigos, repetia. Ela confirmou que cuidou de Rafaela no dia em que a menina foi encontrada pela polícia. Disse que Chavarry a apanhou na avenida Brasil pela manhã, mas logo depois, hesitante, mudou sua versão. Nem ela mesma tinha certeza se havia ido sozinha a Bangu II ou se fora acompanhada de Chavarry, ou se, na verdade, fora a Catiri, já que confundia as duas regiões, conforme declarou.

Repentinamente, dona Sônia revelou um fato novo, talvez tentando se esquivar de uma situação que, percebeu, era complicada e comprometedora para ela. Disse que só cuidou da menina umas quatro vezes, não mais que isso. Falou, por fim, que no dia em que Rafaela foi achada sozinha ela estivera com a criança a manhã toda, alimentando-a, nutrindo-a quase como uma mãe. Depois, por volta da uma da tarde, teve de correr para seu outro trabalho, pois era cobradora de ônibus em Nova Iguaçu — emprego este, dizia, desconhecido do capitão, que, no entanto, era seu amigo havia seis anos, segundo ela.

— Chavarry voltava para pegar Rafaela por volta das onze e meia, toda vez — explicou dona Sônia em seu depoimento. — Eu sabia que podia deixar ela lá que logo ele chegava.

Sua narração não foi recebida com muito afago, longe disso. Ninguém se convenceu de que uma mulher, pelo valor da amizade, sairia diariamente de Nova Iguaçu para cuidar de um bebê desconhecido em Bangu, bairro de calor infernal, sem nada receber de pagamento. E, se fosse verdade o que ela dizia, não teriam os vizinhos visto sua chegada e sua saída? Como diria a promotora de Justiça Lúcia Maria Atalla em seu relatório: "*Não é possível acreditar que ninguém a viu logo no dia em que todos os olhos estavam voltados para a casa.*" Na verdade, as histórias dela e de Chavarry nem sequer coincidiam quanto a horários e pormenores da rotina. Ela sempre saía da casa 183 ao meio-dia ou à uma da tarde? Acompanhava Chavarry até a casa de Neuza? Como, se precisava sair para trabalhar no período vespertino? Eram muitas as questões a serem respondidas e poucas as perguntas feitas para esclarecer o imbróglio. A neblina das narrativas não se dissiparia nunca.

Não ajudou muito Neuza desmentir a informação de que cuidava das crianças no período da tarde.

— Eu só cuidava delas pela manhã — esclareceu, não entrando, porém, em detalhes sobre sua relação com Érica Meirelles e deixando que a imaginação policial fluísse sem fatos.

Como dona Sônia, Neuza, que também prestou depoimento no dia 20 de julho, não confirmou se chegou a conhecer Rafaela. Seu depoimento não diferiu daquele fornecido à PMERJ; ambos foram lacônicos.

O sindicante da corporação, cansado da bola de lã emaranhada, concluiu em seu relatório final que: "*O acusado: tentou manipular, sem sucesso, testemunhas, [...] bem como criou a testemunha Sônia Mortoni, como a pessoa que tomava conta das crianças naquela casa, no período da manhã, a qual era retirada às 12h, juntamente com a criança, que era levada para a casa da sra. Neuza, na parte da tarde. Ora, se tudo fosse assim tão organizado, por que haveria reclamos na comunidade? O que haveria de anormal, para que chamasse atenção? E mais, na DP, logo após o evento, o acusado disse ao capitão Juarez [policial que participou do flagrante] que não sabia o nome da pessoa que tomava conta da criança (presumia que era Maria) e ademais não sabia seu endereço. [...] Não havia pessoa alguma. Como poderia confiar a guarda de uma criança, que lhe fora entregue em confiança, a uma pessoa de quem não sabia o nome, nem endereço? [...] Esqueceu-se que a sra. Neuza sempre recebeu as crianças na parte da manhã e jamais à tarde, conforme esta declara, em algumas oportunidades, ela não pôde ficar com crianças por estar em sua outra casa, em Chaperó. Por outro lado, esta 'presença' da sra. Sônia, na parte da manhã, tomando conta das crianças, naquela casa, também não encontra sustentação, por ser pouco lógico alguém deslocar-se de Nova Iguaçu a Bangu para ficar, gratuitamente, de 9h às 12h para então trabalhar realmente à tarde, como cobradora."* Ele terminou afirmando que Chavarry, pelo que apontavam os fatos, cometera, sim, algum crime, porém na esfera comum. Acreditava que as ações do capitão feriam a imagem da Polícia Militar e por isso ele deveria ser punido.

Chavarry gargalhou em êxtase quando soube da resposta do ainda chefe da PMERJ Carlos Magno Nazareth Cerqueira ao ler a conclusão do sindicante: Chavarry era inocente e deveria se manter sem punição até que a justiça provasse o contrário.

O major e deputado federal Paulo Ramos, amigo e colega de militância de longa data de Chavarry, revelaria, anos mais tarde, que Cerqueira sempre fora muito afeiçoado àquele capitãozinho bochechudo, mesmo quando se antagonizavam pela questão salarial. E que o chefe da PMERJ realmente acreditava na inocência de Chavarry. Cerqueira morreria seis anos depois, em setembro de 1999, com um tiro no olho direito. O corporativismo e o coleguismo salvaram o capitão das primeiras balas.

21 de agosto a 19 de setembro de 1993

Há registros de que Chavarry teria faturado 4.412.000 cruzeiros do jogo do bicho entre 18 de março e 5 de julho de 1993, o que equivaleria a 522 reais em dezembro de 2020 pelo Índice Nacional de Preços ao Consumidor Amplo (IPCA). Nem era tão alto o valor. De agosto a setembro, mês da primeira sentença, quando os zeros vinham sendo cortados da moeda, que transitava para o real, Chavarry teria ganhado 5.500, o que equivaleria a 375 reais pelo mesmo IPCA de dezembro de 2020. Nunca ficaria clara qual seria a função exercida por ele na contravenção. A essa altura ele já se encontrava afastado de suas atividades no batalhão de Bangu por conta do processo penal. Mas, ao que tudo indicava, ele ainda exercia influência sobre antigos colegas e isso sempre tinha algum valor.

De qualquer forma, quando, em 21 de agosto, a promotora Lúcia Maria Atalla deu seu parecer final, em nome do Ministério Público, não havia bicheiro que pudesse salvar Chavarry de suas mais profundas contradições, percebidas por ela. "*Note-se, Julgador, que a recém-nascida permaneceu no local dos fatos durante várias horas, sem a mínima assistência de quem quer que fosse, para lhe alimentar, trocar suas fraldas com o fim de higiene e prevenção de doenças características, dar-lhe um mínimo de tratamento de puericultura, vigilância e etc., enfim, todos os cuidados necessários à sua idade e condições. Acrescenta-se que a menor Rafaela restava em um colchonete que ficava no chão da residência, abandonada à própria sorte resultando desse atuar perigo concreto [...]. Tal tratamento não é possível de ser dispensado nem aos animais, eis que mister lhes darmos água e um prato de comida, quando nos afastamos deles, sem falar da higiene. Somente a título de curiosidade, Julgador, o que fazia a máquina fotográfica descrita no laudo de fls 99 dos autos no local dos fatos? A explicação dada pelo Acusado não convence. E os comprimidos do ansiolítico Lexotan 3?"*

Em sua defesa final, no dia 30 do mesmo mês de agosto, os advogados de Chavarry, num documento longo e repetitivo incluído no processo, se agarraram principalmente ao testemunho de dona Sônia Mortoni, por mais que esta falhasse em fazer confluir sua fábula à de Chavarry nos pormenores, a ponto de ser suprimida qualquer ligação entre as duas versões. Mas ninguém podia vir a público desacreditar dona Sônia totalmente. Wander Germano não podia — nem queria — admitir que arrombara a propriedade privada do capitão somente por ouvir um choro. Tampouco que tinha olheiros mirins na comunidade — sabe-se lá que tipo de infração isso não constituiria? Assim, por mais inconsistente que fosse, a versão de dona Sônia era inconteste. E, ancorados nela, os advogados escreveram a melhor frase da história do processo: *"Não fosse o suposto 'abandonado' menor, em tese, não haveria qualquer crime."* Com essa pérola processual, eles seguiram dizendo que, no pior dos casos, abandono poderia, com muito esforço, ser interpretado como maus-tratos; e nem isso seria verdade, já que, lembravam, a criança ficou sozinha por pouquíssimas horas, menos do que o necessário para ser uma calamidade, pois dona Sônia cuidava dela pela manhã, garantindo-lhe boas condições.

No dia 10 de setembro, ficaria claro que o deputado estadual Paulo Melo, afogado pelas denúncias que recebia sobre o capitão Chavarry, tentou impedi-lo de sair impune daquela história toda. O parlamentar foi à imprensa e contou que recebera naquela semana uma denúncia de que Chavarry teria sido visto recentemente com um recém-nascido no chão do carro rumando para localidade desconhecida. Contudo, continuava Paulo Melo, o caso teria sido abafado pelo major e deputado federal Paulo Ramos (agora filiado ao PDT). Mas Paulo Melo continuava sem crédito para fazer germinar uma nova investigação porque oferecera dinheiro a Clarissa quando o caso estourou.

Para surpresa de Paulo Melo, tão afoito pela derrota de Chavarry, a sentença do juiz Marcos Antonio de Bakker, proferida no dia 13 de setembro, não foi favorável ao capitão. *"Não resta dúvida de que a robusta prova testemunhal assegura que a menor Rafaela foi encontrada só em uma residência toda fechada, no chão, despida, em péssimas condições de higiene, privada de alimentação e da assistência necessária. Vale registrar que em se tratando de delito e o dolo é de perigo, direto ou eventual, é irrelevante a ausência de lesões ou vestígios de violência constatada por exames [...]. Campanhas incessantes são produzidas por órgãos públicos e privados, notadamente no verão, alertando para o perigo concreto de grave desidratação de crianças deixadas sem higiene e alimentação, tal qual ocorreu com a menor Rafaela. Crime do artigo 133 CP [abandono de menor]."*

Chavarry foi condenado a um ano de prisão por não ter antecedentes criminais, mas com possibilidade de a pena estender-se por mais um ano por ser um policial militar e, portanto, mais censurável que um cidadão comum. Seria ingênuo, porém, achar que uma sentença em primeira instância pararia a locomotiva Chavarry, munida de advogados bem pagos.

janeiro de 1994

Chavarry não só entrou na Justiça com uma apelação, como o fez calcado na moral e nos bons costumes: "*O apelante, por sua vez, é capitão da PM, homem de vocação para o altruísmo, bem relacionado em instituições caritativas ligadas à Igreja Católica, de notória idoneidade, entre elas o Banco da Providência e a Arquiepiscopal Imperial Irmandade de Nossa Senhora das Dores.*"

Chegando o processo à segunda instância, o procurador aceitou que Chavarry sempre estivera falando a verdade e que a versão de dona Sônia Mortoni era complementar à dos testemunhos de defesa, independentemente dos ruídos cada vez mais ribombantes entre ambos. "*Como se verifica, a criança estava só ao ser encontrada. Contudo, não vimos na prova a demonstração de que o fato de estar ela só levasse a menor, exclusivamente por isso, a ter periclitada sua vida ou saúde.*"

E, assim, no dia 20 de janeiro de 1994, por unanimidade entre os desembargadores do Tribunal da Alçada Criminal do Rio de Janeiro, Chavarry foi absolvido.

Na mesma semana, o capitão mandou um homem seu buscar de carro Clarissa na casa dela. Ela foi levada a um local desconhecido para ela e, ali, encontrou-se com Chavarry, de quem ouviu a pior notícia no mais tenro tom de voz:

— Vamos ter que cortar contato. Não vai pegar bem nem pra mim nem pra você se nos mantivermos amigos. Isso significa que você não pode voltar a trabalhar no escritório mais, não.

Desamparada, a jovem voltou para o seu barraco lúgubre, a planejar um futuro melhor, no qual jamais tornasse a depender de homem.

Um argumento comum em todos os relatórios e sentenças referentes ao caso foi o desmerecimento da denúncia inicial de tráfico de crianças; as autoridades todas entenderam que não havia provas de que o capitão realizasse "adoções à brasileira", como é chamada a venda ou facilitação de doação de criança a terceiros, burlando o Estado, crime que pode ocorrer com ou sem a anuência dos pais do menor de idade. Todavia, a polícia não procurou pela amiga de Clarissa que dizia preparar a adoção da própria filha à sombra da lei junto com seu facilitador, Chavarry.

Talvez o pior dos erros tenha sido ignorar a personagem de Sônia Meirelles, mãe de Érica e Rafael, nunca procurada pelas autoridades.

9. No bunker do bicheiro

1990 a 2012

Sônia Meirelles não tinha uma vida fácil. Perdeu alguns neurônios numa febre intensa aos nove ou dez anos, ficou com a fala um tanto lenta e os pensamentos levemente confusos, mas nada que fosse perceptível aos olhos da maioria nem que atrapalhasse o seu cotidiano. A verdadeira e trágica consequência dessa reformulação cerebral foi a depressão, mal que a assombraria até a morte, sem folga nem feriados.

A situação doméstica tampouco era boa. Seu companheiro, Paulo Roberto de Souza, não era exatamente a pessoa mais confiável do mundo; sob qualquer pretexto que se pudesse imaginar, ele a deixaria na mão. E, após três filhos, parcas condições de sobrevivência e inúmeras turbulências no casamento, uma enchente entre 1991 e 1992 devastou a vida da família, que perdeu casa, comida e estrutura.

Além de Rafael, o casal tinha duas meninas: Fernanda, nascida em 1987, e Elizabete, em 1989. Os Meirelles perambularam por abrigos e casas amigas enquanto não conquistavam um novo lar. E, nessas migrações, Sônia Meirelles conheceu Chavarry, o capitão dos capitães, salvador de lares e de mães em desalento. Assim, ele passou a supostamente levar as filhas dela para o Orfanato/Educandário de Olaria durante o dia, permitindo a Sônia, grávida da quarta criança, um pouco de flexibilidade na extenuante rotina afetada pela intempérie.

Naquele 1992, uma memória horripilante se cravou no âmago da pequena Elizabete, para sempre temerosa: numa casa desprovida de identidade e traços marcantes, ela, deitada, via Chavarry caminhando desnudo por entre ela e a irmã, com o falo balançante, sem qualquer inibição. Nunca esqueceria, por mais que tentasse, por mais que evitasse contar à mãe, embora não lembrasse, ou talvez nunca tenha sabido, que lugar era aquele em que estavam. Ela e Fernanda apagaram cada memoriazinha que conseguiram encontrar em seus pensamentos em torno do assunto, mas nunca aquela cena. Assim, ficariam para sempre a se perguntar: "E se aconteceu algo?"

■

Sônia deu à luz a seu quarto bebê em 7 de julho de 1992, à à meia-noite e vinte. O bebê tinha 3,1 quilos e 49 centímetros. Nomeou-a Érica Meirelles. Felicidade vem em sopros breves e Sônia, no calor de ser mãe mais uma vez, viu-se sem condições de reconstruir a vida e, ao mesmo tempo, cuidar da recém-nascida. Como não podia contar com o companheiro, pediu a Chavarry que arranjasse mais uma vaga em creche para a bebê. Ela se propunha a visitar a criança todos os dias para amamentá-la e a tomaria de volta quando conseguisse moradia e emprego.

Pior erro da sua vida.

Chavarry se provou uma cegonha às avessas e desapareceu com a recém-nascida, devolvendo somente as duas outras meninas à mãe. Sônia tentou recuperar Érica de todas as formas, mas suas ações eram inócuas; ele não a devolveria. Chavarry apresentou Sônia à generosa Neuza, que comandava um centro espírita no fundo da própria casa, além de cuidar de várias crianças. Talvez comovida pela dor da outra,

Neuza acabou deixando que a mãe visse a filha algumas vezes, não muitas. O rapto de Érica teria um final feliz, prometia Chavarry, desde que Sônia nunca se queixasse à polícia. Assim, quem nunca foi chamado nunca apareceu.

Obviamente, Sônia foi enganada. Érica desapareceu dos braços de Neuza, surrupiada para algum lugar, alguma família irrastreável. Os anos avançaram e a mente de Sônia foi deteriorando, deixando Fernanda e Elizabete cada vez mais temerosas pelo futuro da mãe, que nunca desistiu de procurar a filha. No final dos anos 1990, Neuza, já com a casa lotada de crianças roubadas por Chavarry, pegou uma delas, aleatoriamente e sem paciência, e empurrou-a para que Sônia a abraçasse como sendo sua menina. O truque funcionou num primeiro momento, levando a mulher de olhos intumescidos a apertar a criança fortemente, para só então notar que não havia nenhum traço familiar naquela face infantil e afastá-la. Não fosse negra de pele escura e do sexo feminino, a menina não teria qualquer semelhança com Érica, cuja pele era mais clara, inclusive.

Certa vez, em meados da década de 2000, Chavarry, achado por Sônia Meirelles, prometeu por telefone que a levaria até o paradeiro de sua cria, para revê-la. Perto do dia, porém, ela começou a temer que se tratasse de alguma armadilha e desistiu de encontrá-lo. Em 2012, a depressão se agravou. Estava perturbada pela busca infrutífera, culpando-se por não ter registrado a filha a tempo, por não tê-la agarrado próxima ao peito. Após uma melancólica contemplação da água, jogou-se de um viaduto na Barra da Tijuca, rompeu o fluxo do mar, bateu a cabeça numa pedra e se afogou até a morte, vendo a vida se esvair em azul. Suas filhas mais velhas — àquela altura Sônia tinha quase uma dezena de filhos — só descobriram o suicídio dias depois, quando o corpo já se encontrava enterrado como indigente.

1993 a 2018

Bangu II nunca mais viveu ocorrência tão marcante quanto o crime da casa 183. Em maio daquele 1993, enquanto as diligências prosseguiam, uma granada foi encontrada no parquinho, extraviada do campo de treinamento do Exército, em Gericinó, estrada e sub-bairro de Bangu onde fica o complexo prisional. Crianças brincaram com o artefato de guerra por cinco dias seguidos até Wander descobrir e pedir aos soldados que o recolhessem. Eles contaram ao líder comunitário que explodiriam a arma em local seguro, pois o manejo descuidado gerava risco de explosão súbita. Nem mesmo isso, quer dizer, nem mesmo uma granada sendo manuseada por crianças foi tão chocante para os moradores do condomínio quanto o episódio envolvendo o capitão.

■

Em 18 de janeiro de 1994, o nome do condomínio Bangu II, manchado por Chavarry, foi mudado para Conjunto Edson Fernandes dos Santos, de acordo com a Lei nº 2.116/94, de autoria de um vereador chamado Luiz Carlos Ramos e sancionada pelo prefeito Cesar Maia. Tentaram dar novos ares à localidade, que continuaria, contudo, a ser chamada para sempre pelo nome original.

A essa altura, Chavarry queria se livrar da maldita casa 183, na qual não poderia pôr os pés sem causar estupor na vizinhança. Em agosto, acabou convencendo um colega do 14º BPM a comprá-la. É quando surge na história uma quarta personagem chamada Sônia, cunhada desse colega de Chavarry. Ameaçada pela violência crescente em Belford Roxo, cidade da Baixada Fluminense em que morava, Sônia se mudou para a 183 com dois filhos. Os termos do negócio foram levados pelo cunhado para o próprio túmulo, a partir do conselho de que "quanto menos souber, melhor". Ao entrar na casa, ela notou um vestido chamativo, similar aos de uma *drag queen*, pendurado no banheiro. Não havia nenhuma outra peça de roupa no local. Para sempre acreditou que Chavarry fosse *drag* ou, dizia, "no mínimo gay".

■

Com o tempo, os moradores do condomínio foram parando de votar nos políticos com as quais a associação fazia parceria, pela compreensão de muitos de que Wander teria passado a se envolver com criminosos e estelionatários. Após alguns anos, juntaram-se para formar uma chapa e o expulsaram da entidade. Os policiais residentes em Bangu I e II impunham medo e respeito na região e, aos poucos, vários começaram a formar grupos paramilitares — as milícias — nos sub-bairros adjacentes, dominando, por exemplo, o Catiri e a Cancela Preta. É comum ouvir de moradores dos dois conjuntos habitacionais que "aqui não tem milícia, isso é pra lá". Contudo, a CPI das Milícias, instaurada em 2008 por iniciativa do então deputado estadual Marcelo Freixo, do PSOL, já apontava que os milicianos haviam tomado aquela área, sim. A Comissão Parlamentar de Inquérito só cometeu o erro de calcular que eles atuavam ali havia um ano. Na verdade, como bem sabiam os residentes, o ordenamento clandestino imposto por militares a seu cotidiano era tão antigo quanto a distribuição injusta das casas a policiais do 14º Batalhão e a servidores públicos, anos antes. Se Deus criou o monstro homem ao criar o filho homem, que monstro criou a prefeitura ao criar um bairro de milicos?

∎

Chavarry, ex-colega de todos eles, saiu do 14º Batalhão no fim de 1994. Acidentou-se em Olaria, num atropelamento. Carregava no colo uma criança; aparentemente, estava de saída do educandário. Seu irmão, César Chavarry, foi o primeiro a ser informado e largou o que estava fazendo para atendê-lo. Aquele acidente, que deixaria Chavarry manco para sempre e exigiria dele o uso de bengala, seria usado em sua vida privada como prova de idoneidade. Ele dizia, sem comprovação, que se jogara na frente do automóvel para proteger a criança.

∎

Se a ligação de Chavarry com o tráfico de menores, os maus-tratos a crianças e o vínculo com milicianos se mantinha tênue — isso quando era investigada —, o mesmo não se podia dizer de seu possível romance financeiro com Castor de Andrade. Em 30 de março de 1994, durante uma operação policial na chamada "fortaleza do Castor", em Bangu, um verdadeiro bunker do contraventor, os policiais encontraram livros--caixa, agendas e disquetes com uma lista detalhada de cada propina já liberada ou a ser liberada para agentes da lei — desde a ralé da PM até o alto escalão do Judiciário e da política fluminense. O responsável por guardar a evidência, enquanto o Ministério Público abria investigação e fazia negociações, era ninguém menos que Valmir Brum, o policial caçador de policiais.

O flagrante, tendo o procurador-geral Antonio Carlos Biscaia à frente desde o germinar da operação, causou tanto barulho quanto um tiro de fuzil na calada da noite: foram 44 indiciados só da PMERJ. Houve equívocos, como a inclusão de nomes de pessoas mortas ou aposentadas, mas 44 era o número já com as retificações. Todavia, apesar de incendiário, o caso esfriou após uma longa batalha judicial, cujo fim foi a prescrição do crime e, consequentemente, a vitória dos réus — entre eles, Chavarry — e o arquivamento do processo, em 2018.

De acordo com as anotações encontradas pelos policiais, não fosse a "fortaleza" ter sido arrombada por eles, um total de 8 mil cruzeiros reais seria a propina a ser recebida por Chavarry em 2 de abril de 1994.

Interlúdio: O nascimento das infâncias

Hoje pode parecer absurdo que em meados dos anos 1990 as autoridades não tenham, de fato, se escandalizado com o abandono de uma criança enclausurada numa casa escaldante por duas ou três horas, de acordo com a narrativa de Chavarry, ou por sete horas, conforme a versão mais plausível. A verdade é que, embora o Estatuto da Criança e do Adolescente existisse desde 1990 e a infância já fosse tópico de embates havia mais de um século, o assunto demorou a ser incorporado ao debate público. Assim, temas como maus-tratos, abuso sexual, tráfico de menores e "adoção à brasileira" só ganharam protagonismo na virada do século XX para o XXI. Importante frisar que não é que não houvesse preocupação, discussões e campanhas de conscientização antes. Havia, mas não com tanta seriedade nem com tantas consequências quanto agora.

A antropóloga Laura Lowenkron, da Universidade do Estado do Rio de Janeiro, expõe essa análise da temporalidade em seu livro *O monstro contemporâneo* afirmando que, *"no final do século XX, observa-se uma proliferação de denúncias e notícias sobre violência sexual contra crianças e o problema torna-se também um importante objeto de atenção política, capaz de atrair grupos de interesse distintos e aparentemente contraditórios"*. E, por mais que a citação se refira unicamente a crimes relacionados à pedofilia, vale para toda forma de agressão à infância. Ainda com base nessa obra acadêmica, pode-se inferir que a própria infância enquanto ideia a ser protegida é uma construção social — não tão antiga quanto se pode imaginar.

A concepção moderna de infância, que a considera uma fase específica da vida separada do mundo adulto e ligada a inocência e fragilidade, tornou-se mais aguçada na passagem do século XVII para o XVIII. Até então, a infância era tratada como um período indefinido na vida de uma pessoa no qual ela se mostrava altamente dependente dos adultos. Esse período cessava a partir do primeiro sinal de independência percebido pelos pais ou responsáveis, quando então poderiam ser postas para trabalhar, perdendo todas as experiências que a sociedade, hoje, cristaliza como essenciais e inerentes a um desenvolvimento saudável, por exemplo, brincar e estudar. Só no século XVIII a inscrição da data de nascimento ganhou rigor e frequência — inicialmente nas classes mais altas —, o que demonstra evolução na percepção da idade como fator relevante. Os processos biológicos de maturação do corpo pré-púbere para púbere e, por fim, para adulto só passaram a ser vistos como critérios de distinção no século XX, a partir dos estudos do biólogo e psicólogo Jean Piaget. Antes do século XVII, era aceito que adultos brincassem com as partes íntimas das crianças de cinco e seis anos. A disseminação da moral cristã e leiga mudou esse preceito e, ao longo do tempo, a própria masturbação foi sendo condenada na infância, pois estaria corrompendo a inocência de forma precoce.

A completa negação da sexualidade infantil era também uma negação do processo de descoberta do mundo em relação ao "eu" e deste em relação a si próprio, proibindo-se, assim, o desenvolvimento de uma parte fundamental da própria infância: a capacidade de exploração. A partir da teoria psicanalítica de Sigmund Freud (1856-1939), surge um novo paradigma na forma de uma antítese à visão puritana da infância, substituída agora pela perversidade infantil. Visão já um tanto mais calcada na realidade, porém também num extremo, conforme apontado por autores como a própria Laura Lowenkron. Pensadores como Michel Foucault (1926-1984) começaram a explorar a zona cinza com perspicácia. *"A sexualidade da criança é um território com uma geografia própria, na qual o adulto não deve entrar. É um território virgem, um território sexual, claro, mas um território que deve preservar sua virgindade"*, disse o filósofo certa vez.

Enquanto isso, no Brasil, o Código Penal de 1890 determinava que a idade mínima para consentimento para o sexo fosse de dezesseis anos, limite que seria reduzido para catorze anos na versão de 1940 do Código, o que significa que até meados do século XX a noção sobre quando começam a sexualidade e a autonomia sobre o próprio corpo ainda estava em discussão. E, concomitantemente ao debate sobre a sexualidade infantil, desenvolviam-se noções conflitantes e por vezes contraditórias sobre a infância, entre as quais as chamadas "infância em perigo" e "infância perigosa". A primeira, referente à noção de fragilidade e à necessidade de divisão das responsabilidades entre o Estado e a família; a segunda, referente a um personagem que tomou o noticiário do século XX: o "menor". Sobre isso, Laura Lowenkron explica, em seu citado livro: *"Essa categoria — posteriormente institucionalizada no campo judicial com a criação do primeiro Juizado de Menores, em 1923, e a promulgação do Código de Menores de 1927 — já era utilizada nos registros policiais do início do século para classificar (e administrar) uma parcela da população infantojuvenil: os chamados menores vadios, abandonados ou delinquentes. Aos poucos, são criadas instituições espe-*

cializadas e o caráter policialesco e punitivo da administração dos menores é substituído por uma nova tônica pedagógica, porém dotada do mesmo espírito profilático de conter o 'mal que se adivinha'.

A discussão pública avançou e, em 1989, foi aprovada pela Organização das Nações Unidas a Convenção sobre os Direitos da Criança. O documento consiste numa lista de direitos que devem ser garantidos às crianças — consideradas todas as pessoas com menos de dezoito anos, salvo em países em que se atinge a maioridade antes dessa idade. Com isso, a discussão sobre a definição de infância esmorece e se impõe um padrão a ser seguido, abrindo espaço para debates mais maduros. Os direitos básicos e comuns somam-se a alguns específicos, criando-se um novo tipo de personagem: o "sujeito de direitos especiais". Esse sujeito deve ser protegido não só pelo Estado e pela família, alicerces da infância desde basicamente um século antes de o documento ser escrito, mas também pela sociedade, diluindo os deveres para com esse ser entre todos nós, numa tutela coletiva que visa garantir o pleno crescimento do ser humano.

Com uma evolução tão lenta, não surpreende que, entre 1993 e 1994, quando o processo de Chavarry tramitou e foi julgado, as noções sobre "sujeito de direito especial" e sobre os impactos do abandono e dos maus-tratos sofridos por crianças — nem que por "apenas" duas ou três horas, conforme o capitão alegou em sua defesa — ainda não se encontrassem cravadas na visão de mundo da sociedade da época e, portanto, tampouco na dos juristas e dos homens da lei. Mesmo os mais preocupados com o assunto admitiam que não chegava a ser uma aberração tão chocante o abandono de uma recém-nascida em um cubículo às vésperas do fechamento do verão de Bangu. Vale abrir parênteses para o posicionamento do juiz Marcos Antonio de Bakker, que afirmou não importar se nos laudos médicos não havia registro de violência, uma vez que abandono e maus-tratos independem disso, pois são as condições precárias e de risco à vida que devem ser levadas em consideração. De tal modo, o juiz diferiu profundamente do procurador e dos desembargadores que o sucederam na apelação, os quais ignoraram todo o contexto que envolve a infância, sobretudo em tão tenra idade.

Não é possível afirmar com certeza, mas muito provavelmente o resultado desse processo seria outro se os fatos tivessem ocorrido no século XXI. Até porque a Delegacia da Criança e do Adolescente Vítima no Rio de Janeiro só começou a funcionar em 2004, o que, apesar da lentidão, revela que houve uma evolução na percepção dos direitos da criança e na abordagem dos casos que ferem esses direitos.

PARTE II

"É. Não tá certo.

Desandou tudo nesse morro. Tudo.

Quanta briga, meu Deus, que tem saído

Quanta gente mudando pra outros morros

Foi mau-olhado, foi..."

A Terceira Mulher, *Orfeu da Conceição*,

Vinicius de Moraes

10. O sumiço da indiazinha

julho de 2014 a julho de 2015

"Aba." Essa foi a primeira palavra de Júlia, antes de completar um ano de idade, quando já engatinhava e cambaleava dois, três passos e bum!, batia com a bunda no chão, mostrando a banguelice num grande sorriso de indiazinha. Seus esforços silábicos não eram para falar o nome da banda sueca Abba; ela não conhecia os hits da época da avó. Não, balbuciava o desejo pelo líquido essencial — água. Engatinhava para a primeira goteira, para qualquer poça d'água ou janela atingida por chuva que encontrasse e ficava ali, absorta por um bom tempo, perdendo-se nos primeiros anseios de pensamento. Era uma paixão que surpreendeu os pais e a avó paterna, Beatriz. Compraram uma minibacia rosa para que os banhos pudessem ser mais divertidos. Seus momentos de deleite no banhinho ficaram registrados em fotografias amadoras da mãe, Géssica, aficionada pelo retrato dos "momentos essenciais" — se dependesse dela, não perderia um dia sequer do desenvolvimento de sua menina.

Depois do doloroso e prolongado parto, em 3 de julho de 2014, foram-se a penúria e o sofrimento.

■

No primeiro mês de vida, Júlia era tratada feito boneca, sendo decorada como se de fato fosse. Lacinho vermelho para cá, roupa com babadinho para lá. Era uma recém-nascida de bochechas proeminentes que apertava os lábios num biquinho de quem tenta falar *oui*, enquanto comprimia os olhos em miúdas jabuticabas prestes a estourar. Num cartão de comemoração desse primeiro mês de vida, dizeres afáveis: *"Faz um mês que nasci. Uma bonequinha mimada. Para o papai e a mamãe sou a princesa encantada!"*

No segundo mês, o rosto já não era tão tensionado pelas carnudas bochechas marrons. Os olhos tinham mais espaço para se expressar com vivacidade; eram grandes e movimentavam-se de forma brincalhona, num pega-pega de olhadas fugidias; olhos de um bebê esperto, quem sabe até um tanto dissimulado. No cartão de dois meses, várias fotos de Júlia em posições diferentes, espontânea como se não estivesse sendo observada por uma lente. Uma linha curva se interpunha no mosaico com mais palavras carinhosas: *"Fui o sonho mais sonhado. Hoje sou realidade. Faz dois meses justamente que só trago felicidade."* Longe de serem boas rimas, tinham uma qualidade rústica de quem se expressava como sabe. Eram sinceras.

No terceiro mês, começou a apresentar uma barriguinha saliente, um bebê com barriga de chope. Os cabelos negros e curtos tinham o caimento e a rebeldia próprios de uma modelo moderna; usava brinco e se vestia com peças de oncinha e outras com estampa de morango. Uma primeira infância amplamente registrada. Metade de suas fotos traz o beijo acalorado ou o abraço apertado da mãe ou do pai. A essa altura, não havia mais cartões com palavras bregas, mas fofas. Foi em março, no oitavo mês, que os dentinhos abriram espaço na mandíbula, sendo que os da frente eram tão avantajados quanto os da Mônica, personagem dos quadrinhos de Mauricio de

Sousa. Júlia usava batom, arquinho na cabeça, e mantinha o cabelo chanel com as pontas arrebitadas — parecia uma jovem sonhadora dos anos 1950.

Foi ainda no nono mês de existência plena que as engatinhadas viraram passos e, por fim, marchas em direção à água, substantivo que já sabia balbuciar com certa proeza. Começou então a demonstrar os primeiros traços nítidos de personalidade: mandona, com clara noção do que desejava; sensitiva, sabendo diferenciar quem seria mais suscetível a sucumbir a seus desejos — no caso, o pai e a avó; sociável, galgando rapidamente à posição de popular; e inteligente, já que aprendeu a andar e falar antes de completar 365 dias de vida.

Quando completou um ano, recebeu a festa mais quente do momento, com o único tema possível para uma criança de sua era: o da Galinha Pintadinha. Rodeou-se de azul, de músicas com letras politicamente corretas, cantadas num agudo irritante, e de tantas outras crianças da vizinhança — desde a menina da laje de cima até o filho do vizinho de três ruas de distância. Ganhou uma piscininha de plástico inflável para saciar as ânsias de nadadora mirim. A festa foi um sucesso estrondoso naquele pequeno universo da Nova Holanda. Fotos não faltaram, não no turno de Géssica.

Pouco após o aniversário, foi batizada. Evangélica e católica. Tinha três padrinhos e a certeza dos familiares de que viveria uma infância cristã. O evangelismo viera da avó e o catolicismo, da mãe, que queria manter viva a tradição de sua família de batizar com padre e água-benta. Em ambas as oportunidades, usou um vestidinho branco acompanhado de dois lacinhos-borboleta da mesma cor, além de brincos de pérola e um sorriso contido.

Desde então dormia abraçada a Beatriz, na cama da avó, que detalha:

— Nós dormimos na mesma cama aquela noite [do aniversário de um ano]. Eu dormia com meu filho mais novo, ele era como uma criança, tinha tamanho, mas era como uma criança. Ele não botava comida, a hora que ele chegava, eu levantava e botava a comida pra ele, eu fazia tudo. Era o meu costume. Quando ele faleceu, a Géssica tinha acabado de descobrir que tava grávida. A Júlia veio como um conforto, uma alegria dentro de casa. Eu passei um bom tempo sem ir na minha casa, que eu não conseguia deitar na minha cama, sentindo falta do meu filho do meu lado. A Júlia tomou o lugar dele. Tanto que às vezes, quando o Jorge [outro filho, pai da Júlia] chega e diz "Mãe, vou deitar aqui contigo", eu não consigo, porque parece que eu tô vendo o outro do meu lado. Porque eles pareciam igual, todo mundo achava que eles eram irmãos gêmeos.

julho de 2016

Júlia e seu cabelo cresceram como Rapunzel e suas madeixas loiras. Na festa de dois anos, tematizada com a turma do desenho animado *Show da Luna*, já falava com fluidez, salvo pela troca do "r" pelo "l", agora lembrando o Cebolinha da Turma da Mônica. Aonde ia arrancava suspiros de tias babonas e transeuntes estupefatos com sua beleza infantil.

— Uma nega de cabelo bom — diziam alguns, mirando no elogio e acertando no racismo.

Comentários do tipo não afetavam os pais, orgulhosos da filha como um troféu genético, pondo-a no pedestal de pequena minideusa de bronze. Parecia que nada poderia abalar a família feliz.

10 e 11 de setembro de 2016

As cerdas se arrastavam lenta e levemente, deixando um rastro de esmalte vermelho na unha do indicador de Géssica. O processo se repetia em cada dedo: enquanto uma mão da cliente era paparicada, a outra se erguia no ar para o esmalte secar, preparando-se para, em seguida, alcançar na bolsa as notas de 10 e de 5 reais a fim de pagar o serviço. Parada perto da porta da casa da mãe, com quem se reconciliara logo após o nascimento de Júlia, numa rua sem saída bloqueada por uma parede de concreto, Géssica fazia manicure e pedicure das moradoras do Complexo da Maré desde o meio-dia. Começara a trabalhar na profissão no início da adolescência e sua coluna vertebral sabia bem disso, pois corroía-se exatamente por causa daquela posição: costas vergadas por horas numa cadeira inadequada para o ofício. De meia em meia hora, Jorge Negão, de férias, se sentava na calçada descansando das corridinhas e sonoplastias amadoras de pai que estimula a imaginação da filha. O fato de a rua ser fechada atribuía mais segurança às brincadeiras com Júlia. A poeira do chão subia com o friccionar dos pés dela, incutindo pequenas manchas plúmbeas na jardineira jeans que a garota vestia.

Às seis e meia da tarde, com as luzes dos postes já acesas e o céu enegrecido, uma figura feminina surgiu na entrada da rua. Era uma jovem corpulenta, na faixa dos vinte anos, com a pele retinta e o cabelo alisado, o quadril largo e os braços roliços. Chamava-se Thuanne Pimenta dos Santos, amiga de infância de Negão, com quem estudara num curso da comunidade (frequentado também por Izabela Pimenta, irmã de Thuanne; e o irmão mais novo de Negão, já falecido). O curso era oferecido pela Associação Redes de Desenvolvimento da Maré, popularmente conhecida como Rede. Negão tinha sete anos quando essa amizade germinou; Thuanne, oito. O tempo os teria afastado, não fosse seus irmãos entabularem um romance: Johnatan Pimenta (o filho do meio na casa de Thuanne) e Stephanie (a irmã mais velha de Negão, primogênita de Beatriz).

O namoro entre Johnatan e Stephanie começou na adolescência, na erupção de hormônios e desejos. Na época, a família de Thuanne era uma das pioneiras da favela da Uga-Uga, tendo participado da invasão do terreno, enquanto a de Negão se mantinha firme na Nova Holanda. Como o namoro perdurou, mesmo com Stephanie sendo presa por assalto, o contato entre as duas famílias se estendeu por todos aqueles anos. Assim, por vezes, Johnatan cuidava de Júlia a pedido de Negão ou Géssica — Beatriz nem sempre tinha disponibilidade, já que cuidava da própria mãe, enferma. Logo, a ninguém surpreendeu que Thuanne aparecesse de supetão com uma proposta tão cheia de consideração:

— Ei, Jorge, tá tendo coisa de foto de Papai Noel no shopping, lembrei da Júlia na hora, cês não querem que eu leve ela pra tirar foto?

Jorge se aproximou da casa da sogra e dirigiu-se à esposa, interrompendo o trabalho dela:

— Filha, a Thuanne apareceu aqui. Ela tá querendo levar a Júlia pra tirar foto com Papai Noel no shopping.

Géssica lhe lançou um olhar soerguido, refletiu um pouco sobre se as decorações de Natal já estariam sendo instaladas no shopping em pleno setembro e concluiu que fazia sentido — pensando bem, achava que já estavam, sim. Seria provavelmente a melhor oportunidade para terem uma boa foto de Natal da menina. No ano anterior tinha mandado fazer um ensaio da filha com um desses homens que passam de porta em porta vendendo ensaios instantâneos mas que depois somem com o seu dinheiro e as imagens de suas crianças. Assentiu com a cabeça.

Antes que Thuanne saísse com Júlia, entretanto, disse algo à jovem que hoje ela interpreta como um presságio:

— Oh, Thuanne, cuidado com ela, hein?

Nunca falara isso para ninguém.

Negão se espreguiçou à porta e disse para a esposa:

— Agora que ela foi daqui, eu vou pra casa. A hora que tu acabar aí, tu vai pra casa também.

— Tá bom.

■

Géssica acabou o serviço perto da meia-noite. Arrastou-se pelas ruas de barro da Nova Holanda, tinha na corcunda uma dor latente, as mãos esquálidas e os pulsos rijos de tendinite. Laborara tanto quanto uma trabalhadora da Revolução Industrial. Chegou em casa aos cambaleios, prestes a se deixar enterrar a sete palmos de lençol e travesseiros, mas sobressaltou-se.

— Ué, cadê a Du? — perguntou-se, referindo-se à filha pelo apelido que nada mais era que uma corruptela de Ju.

Cutucou o marido dorminhoco e repetiu a pergunta:

— Cadê a Du?

— Ué, não tá contigo, não? — respondeu ele, sonolento.

— Eu pensei que ela tava contigo.

— E eu pensei que ela tava contigo — devolveu Negão saltando do sofá.

— Não acredito, cara, até agora e ela não voltou pra gente?!

O susto e a adrenalina a entorpeceram, anestesiando as dores da labuta. Géssica deu alguns passos rápidos até o quarto da sogra, que estava fechado, e perguntou onde estava a filha. Beatriz escancarou a porta com uma expressão que, apesar de alarmada, parecia buscar tranquilizar os pais da menina. Afinal, ela conhecia a família Pimenta de longa data:

— A Thuanne veio aqui apanhar a certidão dela, falou que era pra pegar uma doação que tava tendo não sei onde. Numa igreja da comunidade delas lá.

— Ai, Beatriz — respondeu Géssica, alterada. — Isso tá muito estranho.

Enquanto Jorge vestia uma calça, preparando-se para sair à procura da filha, Géssica apanhava um casaquinho da menina sobre uma das cadeiras:

— Bora, filho, bora — apressou ela —, a Júlia deve tá com frio.

Saíram os dois e Beatriz ficou em casa, fazendo companhia à mãe e aguardando notícias.

■

Jorge e Géssica caminharam pela Nova Holanda até a avenida Brasil, onde atravessaram a passarela com vista para a densa luminosidade dos incontáveis povoados favelizados, vaga-lumes num horizonte de fábricas desativadas e prédios cuja construção nunca terminava, colunas tortas em vertigem. Desceram a escadaria que dava para um longo corredor da avenida Postal, que, repentinamente, mudava seu nome para avenida dos Campeões. Ali era a entrada para a comunidade Uga-Uga.

O caminho seguia ladeado pela obra de uma rampa que conectaria o BRT, ônibus super-rápido de pista exclusiva, à avenida Brasil. Sob essa estrutura, olhos cintilantes em faces côncavas iluminavam-se pela pífia luz do isqueiro que acendia o cachimbo de crack — zumbis que padeciam de pulverizações marrons dos ossos. Géssica e Jorge passaram de braços dados por eles, percorreram bodegas e barraquinhas de cachorro-quente — únicos locais abertos àquela hora — e entraram no estreito que levava até o lar da família Pimenta, uma estrutura de alvenaria simples como quase todas as casas contíguas. Bateram, bateram e bateram, recebendo apenas o silêncio de resposta. Empurraram a porta, destrancada, não havia ninguém. Géssica trêmula, pálida.

— Negão, eu não vou sair daqui; só vou sair quando tiver a minha filha. Eu tô ouvindo a voz da minha filha, Negão! Tem alguma coisa errada, tem alguma coisa errada.

Saíram da fileira de casebres e voltaram para a entrada da comunidade. Defronte aos viciados em crack havia uma fogueira, perto da qual um jovem parecia pairar ouvindo-a crepitar e vendo as chamas rebolarem. Quando o viu, Géssica achou que ele lembrava Johnatan e chamou a atenção do marido, que não reconheceu de imediato o namorado da irmã.

— Grita o nome dele — pediu Géssica.

— Johnatan!

Era ele mesmo. O jovem caminhou até o casal e notou o pavor nos olhos deles.

— Cadê a Du? Olha o tanto de tempo que já ficou! Tô preocupada! Olha o tanto de tempo que a minha filha tá, deve tá com fome — reclamava Géssica, atropelando as possibilidades de resposta do rapaz.

— Eu dei dinheiro pra elas comprar alguma coisa, caso ela ficasse com fome. Elas deve tá pra cima do morro. Eu não sei onde elas tá.

Géssica perguntou se não estariam na igreja caridosa, mas ele desconhecia tal instituição e nunca ouvira falar de doações do gênero na comunidade. Mais nervosa ainda, Géssica insistiu:

— Johnatan, eu só vou sair daqui quando minha filha aparecer.

Em sua cabeça, a voz doce de Júlia suplicava por socorro, gritando "mamãe, mamãe". A conversa foi bruscamente interrompida por uma garota que corria em direção a Johnatan. Era uma conhecida dele. Chamava-se Dandara e trabalhava no *drive-thru* do Bob's da rua Barreiros, nas imediações. Dandara ignorou o casal e falou diretamente ao rapaz:

— Pô, cara, tu nem acredita, a Thuanne é mó doida.

Com a voz trêmula e os dedos estalando, Géssica se interpôs:

— O que que houve?

— Ela deixou a bebêzinha com o Pedro — respondeu Dandara.

— Quem é Pedro? O que que aconteceu com a minha filha?

— Ela é sua filha? — perguntou a jovem, sem esconder o espanto.

— É, sim. O que que aconteceu com ela? Fala, fala!

— Sim, fala! Onde ela está? Diga — ordenou Negão, berrando.

Dandara respirou fundo e buscou na mente uma forma delicada de contar o que sabia, mas, meneando a cabeça, como a assinalar que não encontrava a tal forma delicada, foi direto ao ponto:

— Não sei como te falar isso... mas... a sua filha quase foi abusada.

11. Terra conquistada

um dia qualquer entre 2010 e 2015

— Vai vir o malote! — gritava uma mulher pelas ruas da compacta comunidade Uga-Uga.

Como um mensageiro de outro reino, ela contou a novidade aos quatro ares, saindo do interior barroso de casas de alvenaria discretas e baixas, passando pelas famílias que transformaram em lar um antigo galpão branco na avenida dos Campeões, com portinhas de alumínio e a numeração da residência escrita com pichação. Cabeças a aparecer nas apertadas janelas mostravam os sorrisos esperançosos e os cabelos embaraçados de quem não aguardava visitante naquele dia.

— Vai vir o malote! — repetia outra, empolgada com a notícia e repassando-a.

— Quem te disse isso? — perguntou alguma terceira.

— O Pedro falou pra Eliana — respondia a primeira.

Mães de família corriam para o banho, perfumavam-se e vestiam algumas de suas melhores peças, preparadas para receber a visita, preparadas para o malote, que só chegava no silêncio da noite, quando os olhos já se voltavam para os quiosques de praia, e os ouvidos para os bailes funk. Marchavam então até a rua Barreiros, na esquina com a avenida dos Campeões, onde galpões tomavam o horizonte e o caráter industrial do bairro de Ramos era logo percebido pela largura de seus prédios quadrados e desprovidos de personalidade. Amontoavam-se as mulheres, entre elas as irmãs Izabela e Thuanne Pimenta. No começo da avenida dos Campeões, um carro preto despontava — outrora fora branco, no futuro seria prata. A depender do dia, a cor e o modelo mudavam, evitando chamar a atenção. O veículo fazia a baliza, encostando rente ao meio-fio, defronte ao galpão branco.

O vidro do motorista abaixou, revelando o mesmo homem tão bom de sempre: Pedro Chavarry Duarte, a essa altura com cabelos esbranquiçados, a barba rala e as bochechas a cair ano a ano, como se estivessem derretendo num quadro expressionista. Ele saía do carro e era abraçado pela multidão de mulheres, como se fosse Jesus. Click, fazia o porta-malas. E então ele distribuía remédios, fraldas e cestas básicas. Contudo, a regra era clara: aquelas mulheres tinham de ter filho ou sobrinho na primeira infância, de preferência que não soubesse falar. Nem todas tinham noção de que ele era militar, somente as que trabalhavam fazendo faxina em seus incontáveis apartamentos, casas e salas. E nenhuma delas fazia ideia de quais imóveis eram de posse própria e quais eram do setor privado, pertencentes à empresa que confundiam com Caixa Econômica Federal, mas que se chamava Caixa Beneficente da Polícia Militar. Não sabiam também de onde vinham os suprimentos; aceitavam e ponto.

O malote vinha umas duas vezes por mês e era sempre o mesmo alvoroço. Quando não podia comparecer, Chavarry mandava seu motorista e escudeiro, apelidado de Bolinha. Além de distribuir provisões, ele fazia o pagamento das faxineiras do chefe. Mas não importava quem estivesse atrás do volante, o carro não entrava nem nunca entraria na Uga-Uga, sequer passaria pela avenida Postal. Apesar do escarcéu das mulheres, buscava discrição absoluta, embicando na rua Barreiros.

1998 e 1999

A fumaça levou o THC, principal substância psicoativa da maconha, ao fundo de sua mente e inebriou os pensamentos. Eliana segurou-a o máximo que pôde, finalmente expirou e passou o baseado aos amigos a seu lado, que foi rodando de mão em mão. Ali, na travessa Leonor Mascarenhas, o grupo de jovens sentados no galpão abandonado, onde dormiam moradores de rua, discutia o futuro, o presente e o passado. O passado industrial daquele pedacinho de Ramos estava em coma havia anos. Os jovens eram oriundos de várias favelas que margeavam a avenida Brasil, mas, majoritariamente, da Nova Holanda, a maior comunidade do Complexo da Maré, que, em 2010, acolhia cerca de 130 mil pessoas, uma população maior que 90% das cidades brasileiras.

A Maré desde sempre teve os holofotes virados para si, pois perpassa as principais vias expressas da cidade: a Linha Vermelha, a Linha Amarela e a avenida Brasil, desembocando na baía de Guanabara. É então um bairro inescapável no trânsito carioca; cedo ou tarde, é preciso passar pela Maré, seja no lado da Nova Holanda, seja no lado que for. Aqueles jovens tinham carinho por sua favela inicial, onde muitos foram embriões, crianças, adolescentes e se tornaram adultos. Reconheciam a beleza terrosa da região, mas sentiam que as paredes erguidas em seu terreno já eram demasiado apertadas, as ruas sufocantemente estreitas e o crescimento verticalizado até onde as habilidades dos pedreiros metidos a engenheiros podiam chegar.

Não estavam errados.

A Nova Holanda surgira nos anos 1960 como a última descendente legítima da Maré. Seu povoamento decorrera de uma iniciativa do poder público: a construção do Centro de Habitação Provisória, que acabou virando favela. O projeto criou habitações populares para as vítimas de remoção de comunidades das zonas Sul e Norte, fruto do truculento programa de gentrificação e higienização comandado pelo então governador Carlos Lacerda, o ex-comunista metamorfoseado em conservador tenaz, mas golpista por natureza e antagonista de Brizola e Getulio Vargas. A migração ocorreu entre 1962 e 1971, de forma arbitrária e essencialmente violenta, com relatos de se ter menos de 24 horas para realizar uma radical e inesperada mudança de vida.

A Nova Holanda nasceu com potencial de crescimento limitado, até mesmo pelo fato de ser fincada em território plano. A maior parte dos moradores atraídos para lá na esteira da expansão orgânica da favela não contava com eletricidade e saneamento, como os do Centro de Habitação Provisória, mas tinha liberdade de trânsito e podia alterar a estrutura física do próprio lar, o que não era permitido aos que haviam sido levados pelo governo estadual. Estes últimos eram observados de perto, com rédea curta, pelas administrações da cidade e do estado, que impunham até horário-limite de entrada à noite como se os moradores fossem presidiários em regime semiaberto.

Nos anos 1970, com o surgimento de grupos políticos organizados na própria Nova Holanda, a mão de ferro do estado foi se abrindo até sumir de vez. Mas foi só a partir da formação da primeira associação de moradores da favela, em 1981, que começaram a ser oferecidos serviços básicos, como postinhos de saúde, escola e policiamento, entre outros direitos dos cidadãos. O primeiro governo Brizola foi responsável pela implantação de sistemas de água, esgoto e coleta de lixo. Assim, nos anos 1990, a Nova Holanda já se mostrava uma comunidade deveras avançada em quesitos dos quais outras ainda hoje padecem. Tal virada muito se deveu à força dos movimentos sociais, que oscilou com o tempo, mas nunca cessou. As conquistas sociais atraíram ainda mais moradores, formando uma comunidade que, se desde o início não tinha muito para onde crescer, como bem apontavam os jovens liderados por Eliana, imagine agora.

— E se a gente se mudasse pra cá? — disse uma voz incógnita no grupo, referindo-se à travessa Leonor Mascarenhas.

— Quê? — perguntou alguém.

— Cês tão falando de se mudar para cá, na travessa? — questionou Eliana, que já passara dos trinta anos, alisando alisando os cabelos crespos negros. — Porque se sim... eu topo.

Aquela tarde correu com a discussão mais importante de suas vidas: iniciariam uma favela nova ou migrariam pela cidade, como fizeram seus pais e avós? Após muita agitação diante dos argumentos apresentados por todos, alguém disse que o galpão em que fumavam não estava apenas abandonado, mas endividado, pois o dono não pagava IPTU havia séculos. Talvez ninguém viesse reivindicar um terreno de valor negativo, não é mesmo?, perguntavam-se. Ok, mas quem daria o *start* na ocupação? Já havia alguns moradores de rua ali, porém sem condições financeiras de montar casas e barracos.

— Eu! Quero me mudar o quanto antes — dispôs-se Eliana.

Eliana morava com a avó e trocentos familiares, os quais amava profundamente, só que não suportava mais aquela situação. Além disso, trabalhava como prostituta desde que se conhecia por gente, tendo um bom pé-de-meia para fazer o mutirão e comprar a matéria-prima. Assim, Eliana, Vera Pimenta (mãe de Thuanne e Izabela, entre outros filhos), alguns moradores de rua e mais umas dez famílias tomaram o local e o batizaram de Uga-Uga — um nome cuja origem dissipou-se da memória dos moradores. Talvez se referisse ao nome de uma novela exibida naquela época na TV, mas fato é que a ideia por trás dessa expressão gutural se perdeu. Logo, dez famílias se tornaram duzentas, e disso não passou, mas a travessa Leonor Mascarenhas nunca mais seria a mesma.

meados de 2010

Pedro isso, Pedro aquilo, ó Pedro, tenha piedade, ó Pedro, ajude nossa família, ó Pedro, homem tão bom! Não, não, não, Eliana não aguentava mais ouvir falar no messias da carruagem preta, prata ou branca. Desde o princípio, logo após o *big bang* de jovens fundar aquele microuniverso fechado que era Uga-Uga, o nome de Pedro Chavarry Duarte já pairava no ar. E a porta para a entrada daquele que apadrinhou mais de cinco crianças na comunidade fora aberta por Sofia, colega de profissão de Eliana. Eram vizinhas, grandes amigas e trabalhavam nos mesmos pontos da Barra da Tijuca, garantindo a segurança uma da outra, essencial nas atividades da noite.

Eliana era uma mulher bonita: esguia, de rosto quadrado; tinha a pele retinta, olhos orientalizados, cabelos trançados e piercings por toda parte — sobrancelha, nariz, covinha, lábio inferior, língua. Todavia, o tempo não lhe fez bem. Sua aparência e sua capacidade cognitiva deterioraram-se pelo ofício — incongruente com a própria homossexualidade, pelo abuso de substâncias lícitas e ilícitas, pela escassez financeira e pela depressão oriunda da morte de um de seus filhos. Eliana era um quadro belo largado em algum porão, desfazendo-se por maus-tratos, sem noção do próprio valor. Mas ainda tinha vigor para atrair a clientela bem relacionada daquele bairro. Foi numa dessas noites em que as ondas do mar esmorecem, o clima fica nebuloso e os maridos decidem ficar em casa com as esposas que Sofia decidiu ligar para Pedro Chavarry de seu celular. Eliana estava com ela.

— A pista tá muito ruim, eu tô precisando de um dinheiro. Não tem como me ajudar, não? — perguntou Sofia, especificando a esquina em que as duas se encontravam.

Esperou. Sofia costumava dizer às colegas que tinha sido secretária de Chavarry num passado remoto, antes das bolsinhas giratórias. Como era mãe de uma bebê, mantivera contato com ele, recebendo ajuda mensal.

— Sofia, me diz uma coisa, qual que é a desse Pedro? — quis saber Eliana.

— Ele é um homem bom. Ele dá emprego, dá tudo. Ele ajuda muitas famílias, principalmente quem tem criança pequena.

— Pô, me encaixa nessa — pediu a amiga.

Eliana não tinha filho pequeno, tinha dois adultos. Perdera o do meio na mão da polícia depois de um tiroteio, quando, machucado, deixou-se levar para o hospital no carro da PMERJ, chegando morto e com uma bala cravada onde antes não havia buraco algum. O outro filho estava preso, não eram bons anos. O terceiro, adolescente, namoradeiro, seguia rumos mais honestos. Eliana sempre quis ser mãe e, assim, usava da beleza para atrair homens mais velhos e com boas condições financeiras, conseguindo deles bebês e pensões que duravam até os dezoito anos de cada filho. Foram pais mais presentes que os dos filhos de suas amigas, que engravidaram por amor e foram abandonadas pela covardia dos parceiros. O fato de reconhecer-se lésbica desde bem jovem nunca fora impeditivo para tentar realizar o sonho de ser mãe nem para atuar naquela profissão; diferençava sexo como instrumento de sobrevivência de sexo como expressão de prazer e amor.

Logo, uma caminhonete da Toyota se aproximou da esquina em que elas estavam. O vidro da janela desceu lentamente. Sofia se inclinou, murmurou algo indecifrável aos ouvidos alheios e saiu dali com algumas notas altas na mão. O carro desapareceu tão rápido quanto chegou, deixando Eliana atiçada por uma oportunidade de trabalho com aquele sujeito.

segunda metade de 2012 à primeira metade de 2014

As narinas de todo mundo na casa de Eliana pediam para parar. Se já não estava bom quando era apenas cheiro de gordura de porco sendo derretida, quando ela acrescentou enxofre na frigideira a mistura gerou um odor tão cáustico que parecia queimar os pelos do nariz. Apesar do cheiro, aquilo, depois de frio, virava uma pasta capaz de secar qualquer machucado, garantia. Eliana pegou a pomada caseira e passou nas inúmeras feridas no corpo do menino Peter, uma das duas crianças das quais passara a cuidar a mando de Chavarry; a outra era a sua favorita, Vitória, uma bebezinha linda, dentuça, parda e de olhos castanho-claros. O menino tinha cabelos longos e cacheados, tão destratados quanto lindos, não restando opção, pensou Eliana, senão cortar; e assim o fez.

As crianças não apareceram em seu lar por acaso. Meses após aquela noite na Barra da Tijuca, Eliana voltou a se encontrar com Chavarry, agora em Bonsucesso, na Praça das Nações, coração do bairro e centro gravitacional do comércio local. Novamente ela acompanhava Sofia, ambas em busca de dinheiro. Dessa vez, entretanto, fez diferente e pediu uma chance:

— Você não tem nenhum trabalho pra mim, não?

Chavarry respondeu que ia ver se arranjava algo, mas sem compromisso. Cerca de dois meses depois, numa noite chuvosa, ele apareceu na Uga-Uga em um sedã prata procurando por uma moradora apelidada Gra. Levava dois irmãos no banco de trás — uma bebê e um garotinho — e os deixou com a mulher para que ela cuidasse deles. Gra, porém, tinha filhos e já era babá de outra criança para ele, então suplicou à amiga:

— Eliana, não sei o que fazer, Pedro quer que eu cuide de mais uma menina e um menino, mas eu não tenho como, já tenho os meus pra cuidar e…

— Deixa que eu cuido da garota e você fica com o garotinho, que tal? Cê sabe que eu sempre quis ser mãe de menina, né? — respondeu Eliana, que, após os filhos homens, tivera o sonho bloqueado por uma laqueadura feita aos 29 anos.

Gra concordou, mas o menino não quis se distanciar da irmã e foi junto para a casa de Eliana, que cuidou dos dois — Peter e Vitória, fofos, pequenos, maltrapilhos e machucados, com coceiras pelo corpo todo, em especial o garoto. Chavarry só descobriu que os meninos estavam com Eliana na noite seguinte, quando voltou com dinheiro e fraldas. Ao revê-los, distribuiu também elogios ao modo como ela tratara dos exantemas e machucados em menos de 24 horas.

— Pedro, de quem são essas crianças?

— Ah, é de uma doida. A mãe é viciada em crack, tem vários problemas. Não precisa se preocupar — respondeu, com toques de nervosismo.

— É que, sabe, eu queria ela pra mim, a menina. Você não consegue me ajudar a adotar ela? — atreveu-se.

Inquieto, Chavarry esquivou-se de uma resposta objetiva e disse que com o tempo poderiam avaliar essa possibilidade, mas agora ele tinha de ir embora. Uma vez definido que Eliana seria a cuidadora dos irmãos, ela começou a bater de porta em porta e pouco a pouco angariou roupas, remédios e alguns utensílios para bebê. Lentamente, montou enxoval e kit de emergência com base na empatia da vizinhança e nos pedidos a Chavarry, que mais tarde a contratou para faxinar os lugares que ele gerenciava.

Certa noite, Chavarry retornou e pediu a menina de volta, precisava mostrar aos sócios da ONG — instituição sem nome, sede, CNPJ e função exata. Para que uma mãe pudesse ter acesso aos serviços da tal ONG, ou seja, o malote e pequenas quantias de dinheiro, era fundamental deixar que, de vez em quando, Chavarry desse uma voltinha de carro com a criança por uma tarde ou apenas algumas horas. A justificativa para a existência desse pré-requisito não mudava muito, girando em torno de supostos protocolos da ONG e de exigências de seus sócios. Ao saber das regras, Eliana aceitou as condições e entregou a garota, um tanto a contragosto, mas sem alternativa, voltando para dentro de casa para cuidar de Peter.

Embora seus moradores se ajudassem sempre que podiam desde a sua fundação, a Uga-Uga nunca contou com uma associação de moradores de verdade, aproveitando-se de migalhas das iniciativas da representação comunitária de um pequeno conjunto habitacional a quinhentos metros de distância, para dentro de Ramos. O representante da entidade era Delon, um candidato profissional a cargos políticos. Ele começara ajudando a Uga-Uga com dinheiro do próprio bolso, mas falhara em manter a boa ação porque os moradores da favelinha temiam que ele os roubasse, ainda que jamais tenham doado um centavo sequer para a manutenção da associação. Uma vez ele desabafou com Eliana:

— Olha, o povo da Uga-Uga é muito estranho, como é que eles vão ficar me chamando de ladrão se eles não pagam nada? Não paga associação, não paga esgoto, nada.

E, onde o bem não vigora, o mal germina. Sem representantes comunitários e com baixa presença do estado e da prefeitura, ou o tráfico acabaria assumindo o comando do local ou os milicianos. Entrou para o guarda-chuva da milícia, que já dominava o Piscinão de Ramos, na outra ponta do bairro. Dizem os moradores que esse poder paralelo decorreu da alta densidade de policiais habitando as redondezas, impondo leis ao bel-prazer. Mas, diferentemente da atuação de paramilitares em outras favelas, ali eles não cobravam quase nada, apenas fixavam regras de convivência e aparência: não roubarás na Uga-Uga nem em Ramos; e não usarás drogas fora da Uga-Uga, evitando poluir a cidade com o visual decadente — há relatos na favela de delegado entrando na comunidade para se entorpecer escondido. O não cumprimento dessas leis rústicas resultaria no famoso "esculacho", mas, por sorte, nunca em morte. Alguns estabelecimentos até chegavam a pagar taxa de funcionamento, porém eram mais exceção do que regra. Portanto, Chavarry não era o primeiro militar a se apresentar como liderança na localidade, tampouco o único. Provavelmente sua patente fora o principal facilitador para seu bom trânsito na Uga-Uga; ainda assim, até ele devia prestação de contas aos traficantes da Nova Holanda — pertencentes a uma das maiores facções criminosas do Brasil, o Comando Vermelho —, caso eles julgassem necessário. Uma situação verdadeiramente complexa.

Após o passeio com a bebê Vitória, Chavarry devolveu-a a Eliana. Uma semana depois, Peter foi levado também, para sempre. Pedro alegou que o devolvera à mãe, aquela que ele dizia ser viciada em crack e ter vários problemas.

Vitória passou a ser criada por Eliana como se filha de sangue fosse; e tinha de ser levada por Chavarry uma vez por mês, como se ele pediatra fosse. A comunidade prosperou com malotes, bebês sendo transportados por ele e mulheres trabalhando como faxineiras para ele. Era uma grande família, e Chavarry, o padrinho de todos; dependendo da criança, isso ganhava um tom literal.

— Ele dava dinheiro pro gás, pra fazer compra, pro aniversário das crianças — lembra Eliana. — Se você ligasse: "Pedro, tô precisando de 100 reais", ele dizia: "Me dá o número da sua conta."

▪

Fazia nove meses que Eliana se tornara mãe de Vitória. Estava na festa de aniversário de uma irmã sua, na Nova Holanda, quando entrou pela porta do salão uma moça parruda, de cabelos curtos, nariz longo em formato de gota e vestes masculinas. Chamava-se Cristiane e chegara de penetra, amiga de um amigo. Trocaram olhares, não se conheciam ainda, mas sentiram que queriam se tornar íntimas. Cristiane tinha acabado de se mudar de Botafogo, na Zona Sul, para a Penha, tradicional bairro da Zona Norte, no limite entre as favelas e os bairros-padrão. Conversaram amenidades e, num piscar de olhos, estavam sob lençóis. Para Eliana foi amor à primeira vista; para Cristiane, à primeira foda.

Namoraram por três meses, e tão repentinamente quanto pararam na cama juntaram as escovas de dente na casa de Eliana, na Uga-Uga. Para

Cristiane, Vitória era familiar como uma filha nutrida em seus braços desde o nascimento — maternidade à primeira vista. Que criança doce, pensava. Ela chegava do trabalho exausta e a menina caminhava a passos tortos em sua direção, dando um abraço tão caloroso quanto o de uma filha, algo recriminado por Eliana, que não queria ver a cônjuge sofrer junto com ela própria quando a pequena tivesse de ir embora.

Algo incomodava Cristiane em sua residência na Uga-Uga: Pedro Chavarry Duarte. Não o conhecia, nem queria, mas achava estranho que a comunidade inteira repetisse seu nome como uma oração; era Cristo, Deus, santo e, se deixasse, seria santa. Não lhe apetecia que a pessoa favorita dele fosse justamente sua companheira, Eliana, que assumira o posto informal de representante das mulheres nas negociações com Chavarry. Apesar da proximidade com o militar, Eliana negava-se a indicar outras pessoas para trabalhar com ele ou receber doações; desconfiava da existência da dita ONG. No fundo, suspeitava da possibilidade de algo mais obscuro estar acontecendo nos bastidores. Assim, atrair mais mães miseráveis e dependentes para o esquema se tornava uma tarefa árdua para Chavarry, decepcionado com a falta de cooperação da colega. Cristiane não entendia essa intimidade toda e se perguntava se não haveria algo mais, se eles não teriam um caso ou algo próximo disso. Estranhava também a fixação do homem em crianças e o fato de, cada vez mais, Vitória voltar dos passeios sonolenta, zumbificada.

Por sua vez, Eliana alertava Chavarry de que não pegava muito bem um homem de meia-idade andando por aí sozinho, entre ruas, becos e vielas, com bebês dos outros em carros de vidro fumê:

— Pedro, cê tá louco, cê vai andar sozinho com criança na parte de trás do carro?

— Não, Eliana, a babá fica ali no meu carro. Infelizmente ela não tá aqui agora. Ela foi na farmácia — respondeu ele em certa ocasião.

— Pedro, onde você leva essas crianças?

— Ah, na ONG, eu apadrinho elas lá.

— Eu quero conhecer essa ONG — impôs ela numa ida à faxina em um dos apartamentos supostamente dele.

O pedido foi ouvido. Na visita seguinte, Chavarry pôs Eliana no carro e rodou por quilômetros sem parar, até receber um telefonema e dizer: "Ah, Eliana, não vou poder te levar, toma o teu dinheiro da faxina." Irritada, ela se fez de rainha e exigiu mais:

— Não, não, quero também o dinheiro do meu baseado.

— O quê? — devolveu ele, assustado com o tom de voz e aquelas palavras.

— É, eu fumo, quero o dinheiro pro meu baseadinho, pra dar a minha relaxada.

Chavarry lhe passou então uma quantia que daria para montar suplementos pré-nucleares de maconha de alta qualidade na casa dela. Mas, depois desse dia, a relação esfriou. Contribuiu para o distanciamento o fato de Vitória começar a falar e demonstrar rejeição e receio antes de sair para os passeios com ele, gerando uma desconfiança generalizada nas duas mulheres, sobretudo após uma noite estrelada em que a criança voltou não só sonolenta, mas triste. Foi em um dia acalorado que Vitória, ao ver Chavarry chegar, proferiu um *não* de sílabas tão estendidas e chorosas, acolhendo-se nas pernas da mãe Eliana, que ela foi até ele e disse que a menina não queria passear na ONG naquela tarde. Esse episódio fez com que ele passasse a buscá-la cada vez mais espaçadamente, culminando no desleixo de certa vez deixar um frasco de Sonin na bolsa de utensílios da bebê quando a devolveu a Eliana. Descoberto o remédio, as mães de Vitória entraram em histeria coletiva, numa tarde de taquicardias e desalento. Foram a uma farmácia e detestaram ouvir a confirmação de que "sim, é sonífero infantil".

Chavarry não a buscou mais.

■

A relação de Chavarry com Eliana, porém, resiliente, acabou voltando ao normal, o que forçou Cristiane a dar nova chance ao homem que "ajuda pessoas carentes e as mães aqui dentro, dá dinheiro". Quando o viu, cara a cara, ele no carro, ela na calçada, teve a certeza de que era gay, pois "era delicado demais, sabe?". O ciúme desinflou como um balão que nunca deveria ter sido enchido e ela entrou para o esquema de faxineiras. Chavarry pedia por vezes que não avisasse todo mundo de sua chegada. Nem sempre estava disposto a abraçar a horda de mães gratas, nem tampouco lidar com as que considerava muito ambiciosas: as irmãs Izabela e Thuanne. Eliana era quase tia delas, mas respeitava o pedido da chefia.

Prestes a preparar uma festa de aniversário de três anos para Vitória, receberam a mensageira da desgraça: uma mulher de pele caramelo, olhos tristes e perdidos, como quem não consegue reconhecer o ambiente, e o cabelo rente de soldado.

— Oi, eu me chamo Larissa e você tá com a minha filha — disse a estranha.

Cristiane a olhou de cima a baixo, não acreditou:

— Você não é a mãe da...

— Tiaaa — gritou Peter, saindo de trás da mulher e correndo para os braços de Eliana, que então teve certeza: aquela era a mãe biológica de Vitória.

Nervosa, Eliana chamou a companheira a um canto e explicou que, fosse como fosse, amassem o tanto que amavam a menina, a desconhecida era a mãe dela, e sobre isso não restavam dúvidas — teriam de devolvê-la. Cristiane assentiu, desolada e rancorosa. Larissa, que tinha dificuldade de manter uma linha de raciocínio por mais de cinco minutos, contou que Peter havia lhe mostrado o caminho. Eliana sabia da inteligência do menino, que, aliás, estava sujo e novamente com erupções na pele.

— Vocês não têm dinheiro? Tô sem gás — pediu Larissa.

— Isso é com o Pedro, a gente não tem nada a ver com isso, não — respondeu Eliana, emburrada.

Larissa deu de ombros e chamou Vitória com um grito. A menina surgiu cabisbaixa do interior da casa. Relutante ao ver a dita mãe e o suposto irmão, olhou uma última vez para as mães adotivas e começou a lacrimejar, sendo interrompida pela impaciência de Larissa.

— Você traz ela no sábado? — pediu Cristiane. — A gente tá planejando uma festinha pra ela.

Larissa disse que sim. Nunca mais voltou. Já perdera Maria Clara, filha que tivera com Carlos. Não perderia Peter e Vitória, que também tivera com ele.

Os balões murcharam de tristeza e o bolo azedou de saudades. Foi a mais triste festa de aniversário sem aniversariante — o show sem músico. Depois daquela melancólica despedida, Eliana viu a menina mais uma vez, em Bonsucesso, por puro acaso. Vitória estava com um sujeito que disse ser seu pai, e ela não pôde conversar por muito tempo porque ele não queria que as famílias mantivessem contato, cortando, assim, o cordão umbilical que só então Eliana percebeu manter com Vitória.

Foram tempos terríveis.

Eliana voltou-se para a única amiga que sabia ser eterna: a cachaça.

12. O coronel brinca de Deus

anos 2000

Toda terça-feira havia missa na capela Nossa Senhora das Dores com os policiais militares mais católicos do Rio de Janeiro. Eram mulheres e homens que dedicavam as gargantas a cantigas cristãs, os joelhos a orações e o tempo a produzir decorações, festas, reformas e tudo o que o capelão, o major Marcelo Paiva, pedisse com sua voz encavernada e seu tom jocoso, criando um equilíbrio perfeito entre o impostor e o amigável. Tinha um porte físico assustador, com altura para encestar quantas bolas de basquete quisesse, e a palidez de um fantasma — algo quase impossível no Rio de Janeiro, uma cidade cheia de praias. Suas missas, porém, eram tão morosas e alongadas quanto a de qualquer sacerdote, contrastando com o comportamento ansioso e agitado de Pedro Chavarry Duarte, um frequentador assíduo do culto às terças desde a virada do século.

Toda missa com a presença de Chavarry era uma missa de Chavarry. Ele não chamava atenção cantando mais alto nem distribuindo folhetos com as orações e as letras das canções, não. Atraía olhares por seu desejo inflamado de comungar. Talvez fosse um grande apreciador da falta de sabor da hóstia, mas alguns colegas, entre eles a major Eliane — de quem fora chefe na Rodoviária Novo Rio —, defendiam uma teoria diferente. Ao verem aquele senhorzinho branco e coxo tão ávido por essa parte da cerimônia, supunham que havia ali muitos demônios para exorcizar e muita vontade de se mostrar bom.

Marketing é tudo — até na igreja.

Desde que passara a andar de bengala, após o atropelamento no fim de 1994, tudo se tornara autopublicidade para Chavarry, que ainda insistia que o episódio decorrera de um ato heroico que supostamente o sagrou como o mais beato dos beatos. Dizia-se um homem melhor, mudado, mais esclarecido sobre a truculência da PMERJ e arrependido do orgulho que sentia quando seus homens espancavam ou fuzilavam bandidos. O novo Chavarry marcou a virada frequentando o Curso de Especialização em Políticas Públicas de Justiça Criminal e Segurança Pública, em 2002, na Universidade Federal Fluminense, a UFF, em Niterói. Basicamente um quase mestrado para policiais graúdos que quisessem se aprimorar no campus de Gragoatá, ao lado de um dos maiores pesquisadores sobre a PMERJ, o professor de antropologia Roberto Kant de Lima, doutor por Harvard e autor de *A polícia da cidade do Rio de Janeiro*. A ideia do curso era formar comandantes com pensamento crítico que poderiam educar os de baixa patente, criando uma "corrente do bem", por assim dizer. Para Chavarry, na época com 48 anos, o curso lhe dava o norte de como voltaria a se pintar na imprensa: como um quadro pré-renascentista. Quem sabe até acabaria de vez com os resquícios de sua imagem passada, desgastada por escândalos de fim de século envolvendo jogo do bicho e crianças. Seria um oráculo para os jovens militares perdidos na violência da própria instituição.

Seu alinhamento ao conservadorismo, que viria a se explicitar com o evoluir da década de 2010, gerava certo ruído com uma declaração sua dada ao *Jornal do Brasil* no contexto de uma reportagem sobre o curso da UFF publicada em 23 de fevereiro de 2002. "*A polícia foi criada para baixar o cacete em favelado e ignorar os crimes do colarinho-branco.*

Somos uma espécie de escola de pobres. Temos a função de disciplinar o que a sociedade hierarquizada e piramidal considera como bárbaros. Ainda hoje se diz que policial não deve pensar. Nossas melhores cabeças foram destruídas. Diziam para nós, calouros da escola de cadetes, que não tínhamos direito e não podíamos abusar de um direito que não possuíamos. A base da PM é a hierarquia e a disciplina, por isso foi fácil para o Exército nos impor o trabalho sujo da ditadura. A polícia tem um modelo de atuação para a Zona Sul e um outro para a Zona Norte. A diferença é tão gritante que, ao atravessar o túnel, vestimos os uniformes Mug como se fôssemos para uma operação de guerra. Se damos uma blitz em Ipanema, os soldados pedem desculpas pelo incômodo."

Quem sabe justamente por odiar a sensação de horror que se perpetuava no ar da Zona Norte, sempre a romper pelo cheiro de pólvora fresca, Chavarry se mudara, no fim dos anos 1990, do apartamento de Bonsucesso, na Cardoso de Morais, para outro, recém-comprado, na Barra da Tijuca, em plena efervescência da migração de novos-ricos para lá. A Barra se tornara o local para onde iam os endinheirados de segunda geração ou os que completavam a ascensão econômica iniciada pelos pais, os jogadores de futebol famosos, os atores e, mais recentemente, os festejados youtubers. Quando Chavarry se mudou para o bairro, militares de carteira gorda faziam o mesmo aos montes, muitos ligados a milícias; afinal, nada mais cômodo que comandar as favelas da Zona Oeste morando junto da nova elite.

A mesma lógica se mantinha para Chavarry, que morava no paraíso, não tão longe dos esquemas infernais que ainda comandava. Por ter sido absolvido em segunda instância, em 20 de janeiro de 1994, conseguia sustentar o argumento de que as acusações pregressas não passaram de mera conspiração para com sua pessoa, sempre tão idônea e progressista. Sua influência crescia e, em 2003, foi içado à patente de coronel. Não era pouco. E de quem havia sido a canetada que permitira isso? Do coronel Valmir Alves Brum, o homem responsável por mais de oitocentos procedimentos que resultariam na exclusão de policiais da corporação, segundo o próprio. Em duas ocasiões consecutivas ele chegara a investigar Chavarry. Mas agora era assessor de procurador de justiça e precisava ajudar a dar parecer nos processos atrasados de promoção de 54 militares. Não havia o que fazer, tinha de dar a Chavarry o que era dele por direito: mais poder.

Morria o capitão folgado, nascia o coronel messiânico.

■

E foi já como coronel que, em 2006, conheceu Thuanne e Izabela Pimenta, ampliando sua influência na Uga-Uga. Eram as meninas cuja ambição o incomodava tanto quanto as ajudava, a depender da necessidade, da conveniência e do dia. Foi naquele mesmo ano que, perambulando por abrigos de menores em busca de grávidas e mães de recém-nascidos, conheceu novos futuros afilhados e uma das poucas mulheres que ousariam denunciá-lo: Larissa Rocha, de cuja filha, Vitória, virou padrinho.

dezembro de 1988 a 2009

Larissa Rocha nunca teve a cabeça no lugar certo. Seus olhos se perdiam no mundo, os lábios balbuciavam palavras que nem sempre ela mesma compreendia e seus relatos eram remendos da realidade e do abstrato de sua imaginação, já que não dominava muito bem o sentido do tempo e do espaço. Se não tivesse filhos e vizinhos amigos, talvez nunca conseguisse contar sua história e expor suas angústias.

Nascida em Salvador, na Bahia, Larissa foi criada no bairro de Periperi, na rua da Areia. Não conheceu o pai, quer dizer, conheceu-o apenas na tenra idade; ele morreu logo após se separar da mãe dela, Vânia, para ter um caso com a irmã de Vânia, ou seja, a tia da bebê. Era uma situação doméstica complicada. Seu pai não era exatamente um homem ruim, pelo que os parentes contavam, mas, para ele, segundo Larissa, teria sido difícil aguentar a tensão constante dentro de casa, em especial a que envolvia o modo como a esposa cuidava da cria. A cisão do casal teria ocorrido após Vânia jogar a bebê contra a parede por não suportar ouvir seu choro incessante, no que talvez já fosse a semente das dificuldades cognitivas da menina.

— Eu chorava toda noite e ela não entendia — diz Larissa. — Ela nunca me levou no médico, mas eu sei que é porque eu sou sensitiva, sempre fui. Eu escuto gente apanhando, eu escuto o tiro e eu sinto ele em mim. Eu tenho isso desde quando sou criança.

O patriarca faleceu supostamente por solidão, justificativa da qual ela desconfia, acreditando que ele foi assassinado por Vânia, que já o teria esfaqueado uma vez. Após a morte do pai, Larissa foi deixada na casa de uma amiga da família, Raimunda, uma senhorinha branca, doce e gentil, uma segunda mãe. Ambas as matriarcas — biológica e de criação — lhe contaram uma mesma versão de sua primeira infância: fora deixada na porta de Raimunda com um bilhete no qual Vânia explicava que fugira para o Rio de Janeiro e deixava o número de um telefone para contato. Do que fugia? Larissa tinha sua teoria: uma assassina teria mesmo de fugir. A bebê ficou com a velhinha até os dez anos, quando Vânia reclamou-a de volta, estabelecendo uma queda de braço pela guarda da garota. No fim, não teve jeito, Larissa mudou-se com a mãe para o lado dos mares fluminenses a contragosto, deixando para trás a única pessoa a tratá-la como ser humano. Não era um mero tchau. Era um adeus.

■

Larissa chegou ao Rio de Janeiro na segunda metade dos anos 1990, a década da violência. Sua mãe arrumou moradia num barraco do Morro Dona Marta, a favela que encima o bairro de Botafogo. Na época, a comunidade era comandada pelo carismático e idealista traficante Marcinho VP, homônimo de outro líder do Comando Vermelho notadamente mais poderoso. Larissa se chocou com a realidade lúgubre das favelas cariocas, nunca havia residido nem frequentado bairros tão pobres quanto aquele para o qual acabara de se mudar. E, apesar da miséria, ainda era uma favela da Zona Sul, com vista para o mar, mérito turístico e alguns jovens com grandeza de "playboy do asfalto". A menina ficaria muito pouco tempo ali.

Sua mãe tinha um namorado, que tinha olhos para Larissa; já ela não tinha olhos para ninguém, somente medo de ser estuprada, pois, rapidamente, notou o olho no buraco da parede do banheiro. Não dormiu por duas noites, importunada por assédios sem pausa. Em meio à insônia foi expulsa de casa pela própria mãe, que lhe apontou uma faca de açougueiro e gritou:

— Quer meu homem, é? Acha que não sei por que tu tá acordada toda noite desde que chegou? Tu quer? Então tu vai morar com ele!

A briga terminou com um grito de "mora tu, o homem é teu", vinte passos velozes para fora de casa, uma descida pela escadaria da favela e uma tarde de choro na calçada. O som do freio da viatura chamou sua atenção; de dentro do carro eles a encaravam. O policial perguntou se tinha família, ela disse que não; perguntou se tinha para onde ir, ela disse que não; perguntou se queria ir para um abrigo de crianças, ela disse que sim. Entrou no banco de trás e rumou para o primeiro de muitos lares para menores. Não tinha completado ainda onze anos de idade.

E aqui a história se mistura como o alfabeto numa sopa de letrinhas. Larissa não sabe precisar o nome exato dos abrigos nos quais morou nem o tempo que ficou em cada um; distingue-os por bairro e apelido apenas. Mas tem algumas lembranças. No primeiro abrigo vivia com garotos mais velhos que ela, que a ensinaram a pular o muro no fim de semana, frequentar bailes funk, fumar cigarro e beber destilado. Mas era criança, tinha dificuldade de saltar para o outro lado, não sabia dançar funk, tossia ao tragar e dormia com dois goles de cachaça. Depois, em outro abrigo, partiu para cima de um dos seguranças por ele ter um caso com uma menor de idade; terminou recebendo um soco, que ela devolveu golpeando o sujeito com uma cadeira. Situação similar aconteceria com um professor que abusava de uma adolescente, enfurecendo Larissa, que brigou com ele também e levou outro soco — dessa vez, sem revidar com cadeira.

Numa dessas brincadeiras de perambular por bailes, conheceu uma garota que a levou para conhecer o próprio pai, que se apaixonou por ela, que não o queria, mas acabou ficando refém dele, namorando-o por falta de opção. Ele era assaltante e avião do tráfico. Em meio a essas passagens por instituições ditas de acolhimento, viu-se abduzida por relacionamentos abusivos com pelo menos três homens. Contabilizou quatro abortos espontâneos, todos causados por situações violentas: uma vez por ter sido espancada a mando de um namorado que não queria ser pai; duas vezes por subnutrição; e uma outra por esgotamento nervoso, ao ver o parceiro ser surrado após uma tentativa frustrada de assalto. De todos os abortos, este último, quando mal completara dezessete anos, fora o pior: o feto já tinha mais de quatro meses.

— O médico falou: "Realmente, mamãe, tu perdeu essa criança, não deu pra segurar." Eu tive que botar um feto praticamente feito sem poder mexer. Aquela foi a pior dor da minha vida. Eu pensei: "Meu Deus, todo filho eu perco."

Depois desse trauma, andou sem rumo pelas ruas por algumas semanas, dormindo na Igreja da Candelária e na Estação Central do Brasil, até descobrir que estava grávida pela quinta vez. E antes que pudesse retornar ao abrigo para meninas teve uma alucinação: sentada perto de um bar viu na TV presa à parede, acima do balcão, uma reportagem antiga sobre a Chacina da Candelária, passando a acreditar, para sempre, que foram seus amiguinhos que morreram ali, e que ela escapara por pouco. Todavia, o ano era 2006 e o massacre se dera treze anos antes, em 1993.

A dor lancinante de dar à luz pela primeira vez deixou extasiada aquela jovem pequena e sofrida. Mesmo que ainda não tivesse completado dezoito anos, sentia-se adulta o suficiente para cuidar de Letícia, como nomeou a menina. Ficou no abrigo por mais alguns meses. Certa tarde, uma das diretoras levou até a jovem um convidado especial, um coronel da PM amigo dela, Pedro Chavarry Duarte, que "apadrinhou" dois bebês — Letícia era um deles. Ele financiou a mudança de Larissa para uma casa de verdade, deu cestas básicas e, nos melhores dias, 800 reais para cuidar da criança; em troca, pedia apenas que a deixasse passear com a menina uma vez ou outra. O coronel era tão bom. Por que não?

Quando Larissa se encantou por um cinquentão que trabalhava em um estacionamento em Bonsucesso e a chamou para morar com ele em Ricardo de Albuquerque, Zona Norte, ela aceitou. Chamava-se Carlos e ele já conhecia Chavarry. De onde? Ninguém sabe. Chavarry manteria o ritual com os filhos que Larissa teria com Carlos.

▪

Logo o coronel passou a usar o lar de Carlos e Larissa como *pit stop*. Duas vezes por mês levava para lá crianças de idades diversas para trocar fraldas e vestes, limpar feridas, dar banho. Ela se lembra de dois fatos singulares: a maioria das crianças ainda não falava; e ele não gostava de sair de perto das que apresentavam feridas na região pélvica. A coisa foi ficando cada vez mais corriqueira e escalou para uma verdadeira carnificina: eram bebês que chegavam com a pele carcomida, queimaduras graves e machucados profundos. E não adiantava perguntar a origem daquelas condições, ele não explicava. A partir daí, sempre que Chavarry levava consigo algum dos filhos dela, ela checava as intimidades das crianças na hora da devolução, a ver se houvera penetração ou marca brutal. Nunca notou nada. Algumas vezes, por insistência de Carlos, chegara a levar seus meninos ao postinho de saúde, onde era confirmado não haver sinal aparente de abuso.

Eventualmente também, o coronel deixava alguma criança com o casal por uma ou duas noites, a fim de ganhar tempo para arranjar a situação do infante. Mas a amizade entre Larissa e Chavarry desgastou-se após o nascimento da primeira filha dela com Carlos: Maria Clara. Na época da gravidez, Larissa se esfalfava vendendo bala na rua, em semáforo, e jamais encaixava consulta médica em sua rotina. No dia 2 de fevereiro de 2009, deu à luz. Ficou internada por alguns dias devido à fraqueza, porém menos do que o necessário na percepção do médico, que insistiu para que ela fizesse alguns testes, já que não havia cumprido o pré-natal. Larissa foi embora sem dar ouvidos ao profissional, que anotou no prontuário dela ter recebido uma resposta "debochada". Mas não é que ela não quisesse bem aos filhos, amava-os tanto quanto qualquer mãe; infelizmente, amor não é suficiente. Larissa mal dava conta de cuidar de si mesma, como garantiria uma vida digna às crianças?

Ainda frágil, mas já em casa, recebeu a visita de uma mulher da qual Carlos já havia lhe falado ao longo do turbilhão de seu último mês de gestação. Tratava-se de Daniele, que, conforme Carlos dizia, trabalhava em uma agência de empréstimo pessoal perto do estacionamento em que ele trabalhava. Seria uma pessoa solícita e generosa, que quis ajudá-lo quando, numa conversa breve sobre amenidades da vida, ele contou a ela que Larissa não estava bem e que seu casamento sofria com isso. A coincidência estava no fato de que Larissa chegara a conhecê-la antes de dar à luz, pois Daniele, que teria seguido um ímpeto natural de confortar o próximo, acudira a gestante na rua certo dia em que ela passara mal em meio aos carros a cujos motoristas oferecia balas.

No dia da visita de Daniele, Larissa deixou-a entrar em sua casa, conversaram amigavelmente, e a visitante disse, por fim, que levaria a bebê para tomar vacina. A nova amiga levou Maria Clara ao postinho e se apaixonou pela menina. Queria ficar com ela se pudesse, contudo devolveu-a à mãe sã e salva. Passaram-se alguns dias e Chavarry também bateu na casa do casal. Pediu a Carlos que entregasse sua filha para o famoso batismo da ONG e o pai o atendeu sem titubear.

Nunca mais viram Maria Clara.

▪

O sumiço de Maria Clara se dera mais ou menos assim, com Daniele recebendo uma ligação do coronel, que se apresentava a ela como "Professor Pedro":

— Olha, Daniele, vou te falar uma coisa, a Larissa não tem condições de cuidar da menina. Você me encontra na rua Bias Forte daqui a pouco, perto da praça, ali em Bonsucesso...

Daniele saiu do trabalho na primeira oportunidade. Maria Clara estava indo a seu encontro e ela ansiava para pegar a menina, mesmo que isso fomentasse um conflito interno — não sabia mais diferenciar a cruz da espada. Chavarry chegou ao local combinado; jogada no banco do carona, sem nenhuma proteção, estava a bebê. Ele tentou esclarecer que não subtraíra a criança, que a recebera de boa vontade. Daniele não era burra, sabia que era inverossímil o que acabara de escutar, mas preferiu acreditar — às vezes tem-se que ter fé. Tomou Maria Clara de Chavarry e, ao lado do marido, Rodrigo, criou-a como se fosse sua filha, dando-lhe amor e conforto.

Houve complicações no começo, pois, aos cinco meses, a menina teve uma crise de bronquiolite e foi levada para o Hospital Carlos Chagas, onde pediram o registro da paciente. O episódio levou Rodrigo a fingir ser o pai, registrando-a em cartório, coisa que Carlos não chegara a fazer — talvez propositalmente —, abrindo brecha para a falsificação.

Não se sabe exatamente como Daniele e Chavarry se conheceram nem a natureza da relação. Anos depois, ao ser ouvida pela Justiça num processo criminal envolvendo o coronel, Daniele diria que nunca entrara em contato com ele. Apenas o observava a distância quando ele levava os filhos de Carlos e Larissa para um passeio de carro.

■

Larissa esperou, esperou, e a menina não voltou do batismo na ONG. Recebeu somente uma angustiante ligação de Daniele explicando o que tinha havido e afirmando que não lhe devolveriam a filha. A verdade é que, embora tentasse, Larissa não se considerava uma boa mãe. Nem nunca seria, enquanto não fizesse tratamento psiquiátrico, pois vivia presa na própria insanidade, repetindo os mesmos erros.

Chavarry tinha uma percepção aguçada da fragilidade das pessoas. Percebera a de Larissa, a quem atribuiu em diferentes ocasiões um suposto vício em crack, refutado pelos amigos dela, e assim a manipulava. O boato em torno do uso de drogas se espalhou e só dificultou a busca pela filha em delegacias. Policiais riam dela, achando que se tratava de uma *noia* (conforme abreviavam a palavra "paranoia"), pois nem a certidão de nascimento da garota ela mostrava. O desleixo de Larissa ultrapassara as barreiras do próprio corpo, infectara os filhos, que adoeciam com facilidade, e a levara a destruir todos os documentos médicos que recebia. Ela não tinha nem comprovante de vacinação, que diria de maternidade.

Enquanto isso, Chavarry brincava de Deus com as crianças, criando novos destinos para elas.

13. Empreendedor beato

janeiro de 2010 a 2014

Chavarry ganhou um trono, como tanto almejava, em fevereiro de 2010, quando foi chamado para presidir a Caixa Beneficente da Polícia Militar do Rio de Janeiro, a principal instituição de direito privado a atender pensionistas das forças de segurança na Cidade Maravilhosa. Assumiria o cargo em abril. Claro que coroas não caem do céu. Após anos se envolvendo em vários setores da instituição, ele foi escolhido para ocupar o cargo interinamente, pois uma história inusitada se desenrolara nas eleições internas daquele ano. Na corrida pelo cargo, um militar conhecido pela habilidade em concorrer sistematicamente à presidência, mas jamais ganhar, capitão Joaquim Arantes da Ponte, pegou as urnas do pleito com a anuência e o auxílio do mesário e só voltou mais tarde, com a notícia de que ele era o vencedor, segundo sua contagem ultrassecreta.

Foi o que bastou para suspenderem o pleito e transformá-lo em caso de polícia na 5ª DP. O conselho deliberativo da instituição elegeu então, de forma indireta, Chavarry, que, curiosamente, também se encontrava em meio a uma polêmica que passou despercebida ou foi propositalmente ignorada: ele votara em três urnas diferentes naquela eleição, triplicando seu poder de voto. Antes o rei seria um rato; agora era uma barata. Pouco lhe importava a adjetivação que poderia ser a ele atribuída, importava o poder. Seu vice seria um antigo colega de turma, coronel Robson de Almeida Paulo, homem com a péssima fama de apunhalar pelas costas, segundo ex-colegas de farda.

Mestre em relações públicas por vivência, o coronel Chavarry, transformado em presidente, inaugurou seu mandato com decisões midiáticas e criou o jornal da Caixa Beneficente da Polícia Militar do Estado do Rio de Janeiro. Desde a primeira edição, o periódico trazia uma coluna fixa assinada por ele na qual expunha suas ideias sobre si mesmo, sua gestão e seus valores, exaltando seu altruísmo e sua humildade. O primeiro texto que escreveu desmoralizou as administrações anteriores e o fez crescer sobre o cadáver alheio. Chavarry acusou o último presidente de deixar tudo uma bagunça e de ter uma atitude suspeita. *"No patrimônio existem imóveis sem escrituras, doações indevidas e sucateamento do patrimônio. As informações, apesar de preliminares, já embasaram uma série de decisões. Suspendemos o programa de Cesta Básica, que estava gerando uma dívida de R$ 50.000 aos cofres, e decidimos destinar este recurso integralmente para pagamento de benefícios. Determinamos providências para que sejam colocados à venda os veículos da Caixa Beneficente para também destinar aos benefícios. Proibimos novas contratações de funcionários e determinamos um exame no quadro de pessoal e consequentemente na folha de pagamento."* E, para garantir a imparcialidade, acrescentava: *"O novo presidente faz questão de esclarecer que a atitude não significa revanchismo ou caça às bruxas, mas apenas uma atitude que visa assegurar a transparência desde o início da administração."*

Mas, nos sete anos de existência do jornal, tempo que durou seu reinado, nenhum texto superou o perfil que Chavarry encomendou sobre a própria pessoa e que foi publicado na edição de abril de 2016. Intitulado "Um idealizador", o texto abria com uma descrição de corredores vazios em contraste com a luz acesa ao fundo da sede da Caixa. O assessor de imprensa descreve um coronel abatido e cansado, mas que não se deixa abalar, ficando até o fim da noite no escritório, oprimido pela papelada. E, como era de imaginar, havia nessa pérola menção a fatos que nunca aconteceram, como o de que ocupara o cargo de "diretor da Irmandade de Nossa Senhora das Dores". Não há registro desse vínculo nos documentos da organização, o que é confirmado pelo diretor atual, mas amplamente reproduzido pela imprensa, indicando que Chavarry já dominava o jogo das notícias falsas. O texto segue com uma pergunta feita a Chavarry pelo repórter sobre o fato de quase não sobrar tempo para o convívio com a família, ao que o presidente da Caixa responde: *"Elas [a esposa e a filha] já têm uma grande experiência com essa minha falta de tempo. Já estão acostumadas e acabam aceitando por entenderem minha situação. Claro que elas ainda cobram muito, mas estão acostumadas."*

Embora fosse verdade que ele se dedicava a ajustar as contas da entidade e fosse visto em incontáveis eventos representando a Caixa, ocultava-se na matéria o verdadeiro porquê de Chavarry passar tanto tempo longe da família. Sua filha, Rachel, por mais que amasse os primos da linhagem Chavarry Duarte, cresceu vendo-os cada ano menos, pois se seu pai mal parava em casa que dirá levá-la para visitar parentes. Não à toa a menina acabou se apegando mais à família Duque Estrada, do lado materno. Muitas das incursões do coronel à Uga-Uga — e a outros locais até hoje não revelados — se davam após o expediente na Caixa Beneficente, no Centro, distante de casa, o que se tornou desculpa para tudo. É quase como se o perfil apresentado naquela edição fosse a sua carta branca para ficar quanto tempo quisesse na rua.

Ainda em 2010, o coronel realizou uma auditoria na instituição, algo que pareceu legítimo e nunca foi posto em xeque, até onde se sabe. Acabou por angariar muitos pontos com essa ação e, por bastante tempo, sua gestão recebeu os mais cândidos elogios dos pensionistas, que exaltavam as reformas nas pensões e nos apartamentos pertencentes ao patrimônio da Caixa. Era difícil, porém, distinguir o limite entre as suas iniciativas, difundidas espalhafatosamente por ele, e o efeito prático delas por si próprias. Seu mandato ficou inflado por narrativas tão bem costuradas que até hoje o coronel é lembrado como um dos melhores presidentes que já passaram por lá.

A verdade é que Chavarry foi muito mais desonesto com o uso do dinheiro do que pode ter feito um dia parecer a alguém. A começar pelo fato de que as mães dependentes de sua ajuda eram admitidas como faxineiras pela Caixa. Por pelo menos seis anos o dinheiro que sustentou boa parte das famílias da Uga-Uga vinha da gestão "impessoal" e "compromissada" do coronel. Antes disso, o esquema da ONG — que nunca existiu — era, ao que tudo indica, bancado por ele próprio, apesar de haver a possibilidade de Chavarry ter lucrado com seja lá o que acontecia com as crianças durante os longos passeios que fazia com elas.

A partir de um dado momento, contudo, as fraldas e os suprimentos infantis passaram a ser adquiridos com dinheiro da Caixa, gerando uma situação difícil de manter e um gasto difícil de maquiar. Demorou para que ele criasse um sistema sustentável, utilizando a verba da instituição para seu projeto pessoal sem risco de ser pego. Foi com esse dinheiro que ele conseguiu continuar comprando a dignidade de várias mulheres, cada vez mais desconfiadas de tudo aquilo, mas ainda assim dependentes. Foi com esse dinheiro que convenceu Larissa a cair em seus encantos mais uma vez e permitir que ele levasse Peter e Vitória para Eliana, já então porta-voz do coronel na comunidade. Enquanto pudesse prover suas famílias, ele as teria na mão. Demorou quinze dias para devolver o garoto; já a garota só foi encontrada pela mãe mais de um ano depois.

Em 2012, aperfeiçoou o esquema, persuadindo um conhecido seu que vivia de bicos a se tornar dono de uma empresa-fantasma chamada Mercadão de Fraldas, que emitiria notas fiscais falsas para bancar os gastos dos bebês. Nesse ínterim, soube que um de seus sobrinhos, Bruno Chavarry, filho de Paulo, estava desempregado e o chamou para trabalhar na Caixa, o que lhe rendeu uma ideia para aprimorar o Mercadão de Fraldas: em 2013, propôs a Bruno pegar a assinatura da mãe, Glacy, e com ela formar uma sociedade para gerir uma empresa homônima, mantendo o endereço e o CNPJ, o que não seria possível legalmente mas foi feito. Assim, Bruno e Glacy se tornaram donos de um segundo Mercadão de Fraldas, que existia fisicamente e de fato atendia clientes. Começaram com um contrato exclusivo com a Caixa Beneficente e em 2014 abriram para o público.

O coronel era presidente de uma instituição que fazia negócios com uma empresa da qual seu sobrinho, que tinha cargo na Caixa, era sócio, dando aos Chavarry, em especial Pedro, controle pleno sobre o dinheiro de tudo o que tocavam. Seu antigo parceiro e motorista, Bolinha, que um dia contou à Eliana odiar quando tinha de transportar crianças, pois temia por sua imagem, também foi rapidamente assimilado ao quadro de funcionários da Caixa. Lentamente, Chavarry estufou a instituição com colegas, amigos e parentes, construindo um reinado cada vez mais sólido.

Para garantir que nunca cairia, passou a frequentar todo evento possível, sendo fotografado ao lado de políticos populares, como o então deputado estadual Flávio Bolsonaro. Uma das fotos em que aparecem juntos viralizou nas redes sociais como se os dois mantivessem uma forte relação de amizade. A imagem, porém, era apenas resultado de mais uma ação oportunista de Chavarry, que ia para os eventos da Caixa levando sempre um fotógrafo a tiracolo. Nesse caso, ele quis sugar um pouco da visibilidade do político de extrema direita durante uma cerimônia na sede da corporação.

Chavarry escrevia homenagens e tecia elogios calorosos a dom Orani Tempesta, arcebispo do Rio de Janeiro, também se fazendo fotografar ao lado dele num abraço robótico visivelmente desprovido de intimidade. As imagens junto com figuras ilustres, do meio militar e do político, podem ser apreciadas nas matérias publicadas no jornal da Caixa Beneficente da Polícia Militar. E, entre incursões noturnas às favelas e rotinas extenuantes para si mesmo e para o fotógrafo, Chavarry encontrou tempo para embalar um sonho abandonado em 1988, quando tentou se eleger vereador: entraria para a política carioca.

2014 a 2015

O Partido Social Liberal (PSL) abraçou Chavarry com tanto calor que ele se sentiu seguro para concorrer a deputado federal em 2014, pela coligação Rio Solidário, que contava com o Solidariedade — 1.789 era o seu número nas urnas. A família inteira deveria estar mobilizada para a sua eleição, era a sua grande chance, e qualquer um que algum dia dependeu dele teria de participar ou seria cortado dos esquemas. Não importava qual esquema, entre tantos. O irmão, Paulo, foi um dos mais entusiasmados com a ideia e forçou o pleito sobre os parentes, não tão afoitos em participar de mais um delírio de grandeza de Pedro. Na Uga-Uga, as faxinas perderam lugar para a tarefa de distribuição de folhetos e a disseminação da palavra do todo-poderoso coronel Chavarry — foi nessa ocasião que várias das faxineiras descobriram que esse tempo todo estavam se relacionando com um militar, sendo tarde demais para cortar o laço.

À Justiça Eleitoral daquele ano Chavarry declarou possuir apenas o apartamento na Barra da Tijuca, omitindo o de Bonsucesso, que mofava sem ninguém lá dentro, mas ainda era seu. Disse ter 375 mil reais e ser proprietário de um Hyundai Santa Fe e de um Honda City, ambos de 2011, embora mal os usasse. Era visto sempre em carros de luxo, alugados por contratos com a Caixa Beneficente. Para a impressão do material de campanha, Paulo Chavarry contratou por 2.900 reais uma gráfica de Ramos em que trabalhava um amigo seu. Os irmãos Pedro e Paulo demoraram a acertar as contas com a empresa, deixando os sócios da gráfica irritados, ainda que fosse comum candidatos demorarem a pagar as despesas. O ponto alto da campanha foi a parceria com Luiz Fernando Pezão, que concorria a governador pelo PMDB e seria eleito (quatro anos depois estaria preso por corrupção). Chavarry aparecia ao lado dele em panfletos e cartazes, recebendo aval daquele que era então um dos mais tradicionais políticos fluminenses.

Todo o material publicitário foi organizado no Mercadão de Fraldas, onde mulheres da Uga-Uga, coordenadas por Eliana, pegavam diariamente certas quantias de peças de propaganda para espalhar pelas zonas Norte e Oeste. A orientação era que entrassem em batalhões e subúrbios, podendo tangenciar sem problemas áreas de milícia, mas nunca do tráfico. A atividade foi intensa, todos suaram por Chavarry. Seus pequenos súditos labutavam para que ele pudesse expandir seu domínio. E o resultado disso não poderia ter sido mais desastroso: 1.948 votos válidos, ou 0,03%. Considerando a abrangência de votos que uma candidatura a deputado federal permite, o desempenho pode ser considerado inferior ao de 1988, quando concorreu a vereador.

Chavarry teria de se contentar em comandar apenas o seu pequeno mundinho.

2015 a maio de 2016

Os ventos da derrota sopraram em Chavarry uma raiva irremediável, mas, ainda assim, contida. Culpados eram os parentes que não se engajaram, as faxineiras, que não divulgaram panfletos suficientes, os colegas de campanha, que não deram ajuda financeira significativa, o PSL, que só fez uma entrevista com ele, lá em 2013, num esquecido vídeo do YouTube; todos eram responsáveis por sua perda humilhante, menos ele. Quando, enfim, aceitou a miséria pública, voltou a exercer sua influência dentro do escopo que conseguia alcançar. Começou instalando ar-condicionado na capela Nossa Senhora das Dores, que até então castigava os fiéis como ovelhas assadas. O ato acalentou o coração do capelão Marcelo Paiva, que só podia retribuir com um abraço de urso, enrolando aquele homenzinho em seus braços longos de correntes.

Enquanto Chavarry se esforçava para manter equilíbrio entre suas relações profissionais e políticas na PMERJ, uma notícia repentina abalou sua família: descobriu-se que sua mãe, Modesta, padecia de doença de Parkinson. Desde a morte do marido, em 1995, ela se dedicava unicamente a netos e filhos, passando cada vez menos tempo na residência da avenida Democráticos, em Bonsucesso, onde criara seus meninos. Dormia na casa dos filhos por longos períodos. Com a chegada da doença degenerativa, os familiares decidiram que seria melhor alugar um apartamento na Barra da Tijuca para que ela morasse perto de, pelo menos, dois filhos: Pedro e Cristiana. Modesta não gostou muito, mas não tinha opção, a doença a atropelou com a força de um caminhão. Ela se sentia cada dia mais debilitada e logo não mais poderia cozinhar manjar de coco e bolinho de carne para os netos, que tanto amavam esses pratos. Estava acamada e seu único entretenimento era a televisão. Chavarry contratou cuidadores e pagou as faxineiras para de vez em quando limparem o apartamento.

As despesas de Modesta eram rateadas entre os quatro irmãos, que, por mais que pertencessem à classe média alta, sentiam pesar no bolso o aluguel do apartamento, situado naquele bairro de alto padrão. A solução foi alugar a casa dela, assim abateriam parte do valor do novo aluguel e Modesta não precisaria se sentir um estorvo completo. Chavarry responsabilizou-se por isso. Passou-se um mês, passaram-se dois meses, três meses, e nada. Os irmãos ligavam, mandavam mensagem, conversavam com ele em reuniões de família cobrando as providências quanto à busca de um inquilino para a casa. Nada. Certo dia, César e a esposa tiveram de visitar o local por motivos que ninguém sabe precisar. Chegando lá depararam-se com uma cena inesperada: colchonete, brinquedos velhos e garrafas d'água. A poeira substituíra a pintura das paredes e criara um carpete sobre o chão; era tanto o descaso ali reinante que o casal não soube interpretar aquilo. Para sorte de Chavarry, Modesta faleceu em maio de 2016, antes de ele ter de se justificar diante dos parentes.

maio de 2016

O cadáver rijo de Modesta Chavarry Duarte, mãe de quatro, sonhadora cicatrizada pelas dores da juventude, evocava lágrimas a todos que o observavam. Era difícil não se sentir tocado pela imagem fúnebre de um ente tão querido na família; talvez, lembram alguns, a mais doce pessoa a ter carregado o sobrenome Chavarry. Nunca se ouviu falar de brigas, castigos e controvérsias por parte dela; era solícita nos melhores momentos e submissa nos mais obscuros. Chavarry não chorou. Passou a tarde rindo e fazendo piadas no cômodo contíguo ao do velório. Alguns viram frieza pura na atitude; já outros, negação do luto. Independentemente do que pensassem, nunca entenderiam o que passava pela cabeça daquele homem.

8 de setembro de 2016

Eliana angustiava na mesa da cozinha. Filho da puta, pensava, em consonância com a companheira, Cristiane. Chavarry passou trabalho para cinco dias seguidos — manhã, tarde e noite em todos eles. Normalmente as faxinas ocorriam dia sim, dia não, permitindo que as mulheres da Uga-Uga cuidassem de suas crianças e se revezassem com as vizinhas, para que todo mundo tivesse trabalho. Ganhavam entre 150 e 250 reais por dia, valia a pena, convencia-se Eliana. Cristiane e ela estavam aflitas não porque prescindissem de dinheiro, tampouco por preguiça, mas porque tinham agora uma nova filha de um aninho. Uma sobrinha de Eliana, também prostituta, aparecera em sua casa grávida de um cliente fixo; e, por ter Eliana como mãe de criação — sempre contava com ela quando precisava de um lar temporário —, recorreu ao bom senso dela, indagando o que deveria fazer. Abortar? Eliana conversou com Cristiane, que não titubeou em dizer "não, não, não". Decidiram então que cuidariam da sobrinha até ela dar à luz, depois tratariam de ficar com a bebê, com a anuência da mãe, claro.

Assim, realizariam o sonho de serem mães de uma menina, já que tinham certeza de que nunca o Juizado de Menores lhes permitiria adotar. Elas já tinham perdido Vitória e aquela era a chance de ouro. Chavarry ficou interessado na criança e assim que ela nasceu, em março de 2015, dispôs-se a apadrinhá-la. Cristiane não quis e deixou claro à companheira que não aceitaria que a menina, nomeada Ana Maria, ficasse nas mãos de um velhaco. Por mais que tivesse passado a simpatizar com ele, ainda suspeitava que o militar tivesse fixação em mães e bebês. Não era a única; nessa época, segundo relatos, um vídeo de um velhinho branco estuprando uma criança em Cabo Frio, cidade turística fluminense, na Região dos Lagos, começou a circular na Uga-Uga e com ele vieram elucubrações de que se tratava do coronel Chavarry, pois se parecia fisicamente com ele. Eliana deu uma olhada fugaz, negando que fosse seu chefe. Foi taxativa:

— É muito jovem, olha direito.

No fim, ninguém soube precisar e todas careciam de dinheiro, optando pela crença na inocência. O problema é que as imagens penetraram no inconsciente de Eliana e ela teve o pior pesadelo de sua vida: sonhou que seu pai abusava sexualmente de Ana Maria. Acordou com ânsia de vômito. Bolinha as visitou nesse dia e ela explicou que precisava falar com Chavarry urgentemente. Ele quis saber o assunto, mas era pessoal. Alguns dias depois, ela teve a chance de imprensar o chefe:

— Tu não é pedófilo, né? Porque eu tive ouvindo umas coisas e olha, se tu for, eu te meto-lhe o pau. Tu sabe que tu pode comer quem quiser, é um cara com dinheiro, não faz besteira.

Chavarry abraçou-a com força e pediu a ela que cuidasse dele, pois, historicamente, conspiravam contra a sua pessoa e ele não podia abrir mão de nenhuma ajuda amiga. Antes de ir embora, o coronel ainda perguntou se ela não queria que ele levasse Ana Maria para a ONG, ao que ela respondeu com um ríspido "não". Mas Chavarry acabou encontrando um jeito de submeter Cristiane e Eliana ao seu desejo de estar a sós com a criança. No dia seguinte, dia 9 de setembro, foi até a casa delas e propôs ficar a semana inteira com a menina para que ambas pudessem faxinar sem se preocupar com o bem-estar da criança. Eliana precisava trabalhar, aceitou a proposta. Pegou algumas roupinhas para Ana Maria e deixou que ela desaparecesse com ele pela avenida dos Campeões.

■

— Você fez o quê? — gritou Cristiane.

— Ele vai cuidar bem dela, amor — respondeu Eliana com a voz trêmula.

Febre de quarenta graus, sudorese extrema, ânsia de vômito e tontura vertiginosa. Cristiane sentiu os sintomas psicossomáticos tomarem seu corpo, além de genuínos anseios homicidas pela companheira, contra a qual desferiu horas de impropérios. O que era para ser dias de rendimento profissional se transformou em uma noite de adoecimento; Eliana estava no declive do desespero. Ligou para Chavarry o tempo todo, sem parar. Lotou o celular dele de mensagens, pedia fotos para provar que ela estava bem e suplicava que a devolvesse imediatamente. Cansou-o mais que as eleições.

Naquela manhã de 10 de setembro, ele concordou por telefone em antecipar o fim da viagem.

10 de setembro de 2016

Thuanne Pimenta era uma garota problemática na escola. Uma professora lembra-se dela como encrenqueira, daquelas que respondem ao professor, faltam às aulas e apresentam desempenho sofrível. Alguns amigos e parentes diziam que havia parafuso de menos na cabeça de Thuanne, outros diziam que era maligna por natureza; no fim, todos concordavam que sua grande qualidade era ser uma mãe carinhosa e que seu maior defeito era não se importar com as outras pessoas. Havia alguns meses que ela era uma das únicas pessoas com celular entre as mães dependentes de Chavarry, fazendo com que o aparelho girasse de mão em mão para listar os desejos e as necessidades delas ao coronel. Naquele 10 de setembro, Thuanne queria fazer uma proposta a ele. E ela sabia que ele toparia na hora. Chamou-o por WhatsApp pela manhã, mas só conseguiu estabelecer contato no fim da tarde.

17h19. Thuanne: Boa tarde.

17h19. Chavarry: Oi.

17h24. Thuanne: Filho da minha cunhada.

17h25. Thuanne: Menina.

17h29. Chavarry: Oi. Mora aí?

18h03. Thuanne envia áudio: Ela mora aqui com a mãe, mas ela teve neném, está internada. Talvez só segunda-feira ela vai ter alta.

Chavarry acabara de devolver Ana Maria a Eliana. Estava na área. E, frustrado com a antecipação da viagem, marcara de pegar outra criança com outra mãe da Uga-Uga, uma que tratava Eliana como irmã mais velha. Quando Chavarry chamou pela moça, Eliana apareceu dizendo que ela não se encontrava — mentia: aconselhara a outra a não entregar a filha e a se esconder em casa.

O coronel não se deixaria ficar de mãos vazias. Aceitou a proposta de Thuanne.

18h05. Chavarry: E a outra menina já saiu. Vou passar agora aí.

A "outra menina", segundo Chavarry, era Ana Maria, que já saíra do carro.

18h06. Thuanne envia áudio: Ainda não. Ela não vai nem vê a neném lá no hospital! Por exemplo: foi hoje e depois fica dez dias sem ir. Ela está lá ainda com a neném no hospital. Vou mandar a foto da neném como está. Tá um mês lá no hospital.

18h07. Chavarry: Pega ela. Ela teve alta??

18h09. Thuanne envia áudio: A neném ainda está no hospital. Tá ficando lá com a irmã dela.

18h22. Thuanne: Você está aqui?

18h30. Chavarry: Oi.

19h10. Thuanne envia áudio: Amigo, ela já chegou já. Trouxe ela, está aqui comigo.

19h11. Chavarry: Te chamo já.

19h29. Chavarry: Pode vir.

Combinaram encontrar-se em frente ao galpão branco de sempre, e Thuanne foi até ele com a criança no colo. Era Júlia, filha de Géssica e Negão.

Júlia nunca estivera doente a ponto de ficar internada, muito provavelmente a mentirada servia para resguardar Thuanne, caso ela não conseguisse se apossar da garota. Chavarry estava dentro do carro, um Jetta branco. A jovem entregou-lhe a pequena Júlia, com sua jardineira de manchas plúmbeas e os cabelos negros e ondulados, e foi para um boteco beber e comer. A menina ficou largada no banco do carona, com um cinto de segurança muito grande para seu corpinho.

Ele pegou a rua Barreiros, desvanecendo na noite fria e úmida.

14. Segundo flagrante

10 de setembro de 2016

Pôs as mãos na parede e abriu as pernas. Nada nos bolsos dianteiros, nada nos traseiros. Sapatos limpos de qualquer item ilícito, jaqueta também. O policial militar Cláudio Mattos fazia a revista no chamado "elemento suspeito", enquanto seu amigo e superior, o segundo-sargento Chouber Batista, dava suporte, procedimento padrão para impedir que "desse ruim". Estavam entre os bairros de Ramos e Caju, próximos da favela Vila do João, pertencente ao Complexo da Maré. Quando terminaram a revista no rapaz, deixaram que ele seguisse sua vida normalmente, desaparecendo no breu da Zona Norte. Voltando para a viatura, ouviram um ruído estático que, mais de perto, identificaram como sendo uma voz rouca. Era do Centro de Controle Operacional da Polícia Militar — Maré Zero, no código da corporação —, passando ocorrência para eles. Como Maré Zero não recebia resposta, estava prestes a repassar a demanda para outro setor.

Já com o rádio em mãos, Chouber Batista prontamente respondeu, enquanto Cláudio Mattos se ajeitava ao volante:

— Maré Zero, informe aí o que ocorre na área do "setor bravo".

— Positivo, tentamos entrar em contato com o comandante diversas vezes.

— Positivo, guarnição tava desembarcada e não pôde ouvir antes.

— Positivo, estupro de vulnerável na rua Barreiros, estacionamento do Bob's, no posto BR. Carro Corsa prata. Segundo solicitante, tá com uma criança nua, molestando a mesma.

Batista e Mattos se entreolharam, olhos arregalados.

— Positivo. Saída de imediato — encerrou Batista.

Mattos ligou o carro e correu pela Linha Amarela, em direção a Ramos. Ele era mais novo que Batista, tinha a pele branca, um sorriso carnudo e duas ruas se abrindo no cabelo rente. A voz era doce, em contraste com o tom zombeteiro de Batista, um homem parrudo, de pele parda e cabelo raspado. Trabalhavam lado a lado havia algum tempo e a cada dia sentiam a amizade se fortalecer. Juntos já haviam sobrevivido a tiroteios, perseguições de carro e broncas de superiores hierárquicos. Eram 20h10 de um sábado e ainda havia tráfego na via expressa. Impaciente, Batista propôs:

— Pô, Mattos, liga a sirene aí, é criança, cara. Tem prioridade.

■

Dandara bocejava em mais uma entediante noite de labuta no *drive-thru* do Bob's, na rua Barreiros. Seus clientes, quando não eram seus vizinhos, eram jovens da classe média de Ramos, vistos por ela como uma elite que não é elite mas se acha no direito de agir como se fosse, tratando como menos que gente os moradores das favelas que os cercam — Complexo do Alemão, Complexo da Maré e Uga-Uga, além de outras, menores. Carros iam e vinham, com seus passageiros sedentos por lanches gordurosos e altamente industrializados. O Bob's dividia terreno com um posto de gasolina da BR, restando um espaço para estacionamento onde os clientes da lanchonete muitas vezes paravam para comer, descansar ou só aguardar a entrega do pedido. A maioria, contudo, pagava, pegava o pacote e ia embora.

Faltavam dez minutos para as oito horas quando um luxuoso Jetta branco entrou no *drive-thru*. Seu motorista abaixou o vidro e Dandara o reconheceu; não sabia seu nome, mas já vira aquele sujeito branco, gordo e de meia-idade na lanchonete em outras quatro ocasiões desde que 2016 começara. E toda vez que ele passava por ali, dentro de seus veículos caríssimos — inacessíveis para ela, moradora da Uga-Uga —, havia uma criança pequena no banco do carona. Das outras vezes eram meninos, quietos e miúdos, com menos de três anos. Pela primeira vez era uma garotinha: negra, de cabelos ondulados, vestindo uma jardineira que muito bem lhe cabia. Devia ter uns dois anos, pensou.

— Um milk-shake grande e um sanduíche — ordenou o homem, com uma voz de entonações estranhas.

Depois de descobrir que tipo de sanduíche e que sabor de milk-shake o cliente queria, Dandara repassou o pedido ao funcionário da cozinha e o carro se afastou em direção ao estacionamento.

O cozinheiro fez o trabalho habitual: enquanto o hambúrguer fritava, untou o pão com maionese e pegou a alface e o tomate, como sempre cheios de conservantes. Pôs o sanduíche no pacote de viagem e o entregou a Dandara, já com o milk-shake na mão. Ela caminhou até o estacionamento, onde o carro se encontrava com o motor desligado e a lâmpada interna apagada, assim como os faróis, sem emitir qualquer sinal de vida — o Jetta poderia ficar ali anos a fio, ninguém perceberia. A película dos vidros era opaca, de lá nada escapava, nem um gesto, nem um fiapo de luz.

Uma mancha de gordura começava a tomar as fibras do saco de papel que protegia o lanche e Dandara bateu na porta do carro, que foi aberta de supetão, revelando um cliente de olhos arregalados, cabelo bagunçado e certo nervosismo na forma de agradecer, trêmulo em cada sílaba. Foi uma situação fugaz, mas ela viu, não teria como não ver, pois a luz que vinha de um poste incidiu direto sobre a cena: a garotinha no banco do carona vestia apenas uma calcinha pelo avesso, como se tivesse sido colocada às pressas; seu corpo estava mole, largado, e suas pálpebras tremiam; ela parecia drogada. Dandara achou assustador, mas nada chamou tanto a sua atenção quanto o fato de a menina estar deitada de pernas escancaradas na direção do cliente, que fechou a porta com força após agradecer a entrega do lanche.

A jovem voltou perturbada para o seu posto, na janela do *drive-thru*, e ficou observando aquele carro estacionado, agora tremeluzindo a luz dos faróis traseiros. Ela atendeu mais alguns clientes e o veículo não saía dali. Pensou que talvez fosse melhor ligar para a polícia e propôs isso a seu supervisor. Mas ele não quis se envolver — era um homem branco e carrancudo, do tipo que diz "cada um com seu cada qual" em qualquer situação. Engalfinharam-se num debate moral e ético, ainda assim prosaico, e ela terminou gritando que ele era conivente com o que estava acontecendo no carro. Embora suas palavras não o afetassem, chegaram aos ouvidos de clientes que imediatamente ligaram para a polícia, cometendo o erro de confundir o Jetta com um Corsa.

Quando a viatura chegou, o carro voltou a ter seus faróis traseiros desligados.

∎

Batista e Mattos demoraram entre oito e doze minutos para chegar à rua Barreiros, que tem um quilômetro e meio de extensão e liga a estrada do Engenho da Pedra à avenida dos Campeões, na esquina da Uga-Uga. O posto de gasolina em questão ficava mais próximo da favela que da outra entrada da rua, a 450 metros. Batista e Mattos passaram lentamente pelo lugar, dando uma volta completa no *drive-thru*, mas não viram nenhum Corsa prata.

— Pô, Batista, acho que ele saiu pela Barreiros — lamentou Mattos, ao volante. — Vamo pegar a Barreiros que o carro já deve ter voado. É uma rua longa.

Mal havia adentrado a rua e Batista mudou de ideia.

— Vamos voltar, Mattos — pediu.

Experiente, Batista tinha a intuição de que algo estava errado. Era pai de três garotas e, se isso já não o tivesse sensibilizado o suficiente diante daquela denúncia, pensava em sua mais velha, vítima de câncer quando ainda podia ser chamada de menina. Ela sobreviveu à doença graças à assistência da corporação, que a buscava para o tratamento e ajudou a bancá-lo. Batista era profundamente grato à PMERJ e sentia que estaria falhando se não seguisse seu instinto, dando meia-volta e retornando ao estacionamento.

— Não precisa, a gente já viu... — comentou o colega.

— Pô, Mattos...

Começou ali um princípio de discussão, mas a questão não se desenvolveu porque Batista, muito astutamente, usou como argumento a hierarquia militar:

— Pô, Mattos, nunca fiz isso antes, mas eu que sou o comandante e tô mandando voltar.

Mattos bufou, mas retornou ao posto de gasolina. Chegando lá, um casal na faixa dos vinte anos correu na direção deles, pedindo que parassem a viatura. Estavam aflitos e o rapaz dirigiu-se diretamente ao motorista, apontando o Jetta branco:

— Chefe, é aquele carro ali.

Os policiais não entenderam a que carro ele se referia e pediram que o especificasse.

— Aquele carro, o carro branco. Tá abusando da criança.

O rapaz mal terminava a frase e o Jetta já escapava discretamente do posto de gasolina, de faróis apagados. Mattos e Batista deram ré da entrada do posto para a rua mais uma vez e tentaram alcançá-lo antes que ele saísse do estabelecimento, mas ele contava com alguns segundos de vantagem. Nenhum dos dois carros rodava rápido, era uma perseguição de tartarugas. Após duzentos metros sem reação do motorista que seguia à frente, ligaram a sirene, mas ele continuava a seguir como se não fosse com ele.

— Mattos, *empara* ali.

A viatura se jogou quase contra a frente do Jetta, que precisou frear bruscamente — o que não significou muita coisa, já que estava em marcha lenta. Os carros pararam defronte a uma farmácia. Mattos saiu cauteloso, circundando o Jetta por trás, rumo ao banco do carona; tinha o fuzil nas mãos apontando para a porta, atento. Batista também pegou seu fuzil e seguiu para o lado do motorista, temendo pelo que estaria por trás daquele vidro fumê. Quando sua arma quase tateava o Jetta, o motorista baixou uma fresta do vidro de sua janela e declarou:

— Sou coronel, sou coronel!

Seu rosto era uma interrogação na penumbra do carro. As luzes laranja dos postes da rua incidiam sobre seu torso; vestia uma camisa social desabotoada, mas nada era muito nítido ainda.

— Pô, coronel, se trata de uma denúncia — disse Batista.

O policial aproximou os olhos da janela e notou o vulto de uma criança no banco contíguo. Enquanto sua visão se adaptava à atmosfera do interior do veículo, indagou:

— Peraí, coronel, o que é essa criança?

— Que crian…

A garotinha estava completamente nua, principiando um choro de baixa intensidade, mas agudo, parecia estar grogue. Ao perceber esse detalhe, Batista mudou de tom e falou duro:

— E essa criança pelada aí?

Sem receber resposta, ordenou ao colega:

— Abre aí, Mattos. Mattos, pega aí.

Do outro lado do veículo, Mattos ficou receoso. Não compreendia o que estava acontecendo e tinha ciência das punições, caso tentasse enquadrar um superior hierárquico. Mas tratava-se de uma criança, um bebê. Abriu a porta do carona e viu a menininha negra e nua, transformada em mero objeto. Ela chorava cada vez mais alto. Mattos ficou tocado pela visão. Mais ainda quando a garota pediu colo a ele, que a levou aos braços, balançando-a até a secura das lágrimas, que por fim cessaram de vez.

— Tava tentando trocar a fralda dela — justificou-se o coronel.

— Pô, o senhor tava tentando trocar a fralda com o carro em movimento? — questionou Batista.

Com a iluminação que entrou pela porta aberta, o policial pôde observar atentamente o interior daquele carro de luxo, até que finalmente notou uma calcinha infantil embolada entre os dois bancos da frente. Sentiu o mais profundo asco.

— Batista, ali tem uma farmácia. Vou comprar uma fralda pra ela — avisou o colega.

Mattos recolocou a criança no banco. O motorista saiu do carro e insistiu que era coronel da Polícia Militar do Estado do Rio de Janeiro e se chamava Pedro Chavarry Duarte. Sua camisa de listras cinza com branco, agora dava para ver, estava totalmente aberta, expondo a camiseta branca por baixo, para fora da calça. Ele suava muito.

— Isso aqui é uma denúncia, uma denúncia de estupro de vulnerável — anunciou Batista, severo.

— Ah, que isso?! Isso é uma mentira. Eu sou presidente da Caixa Beneficente, tão querendo me incriminar — devolveu Chavarry, voltando à velha teoria conspiratória de que queriam derrubá-lo por motivos políticos e ocultos.

— Vou informar aqui a Maré Zero.

— Não faz isso. Vamos conversar — propôs Chavarry, dando uma certa entonação às palavras, mas o policial se fez de desentendido.

— Já estamos conversando. Pô, cadê o pai e a mãe da criança?

— Olha só, a mãe dela tá presa e o pai dela tá morto. Eu peguei ela com as tias dela e fui fazer um lanche.

— Pô, coronel, vou ter que informar o fato aí.

Durante todo o diálogo, Chavarry olhava incessantemente o celular. Ligara para Thuanne às 20h39, ela não atendera; ligara às 20h44, ela não atendera. Tentou então apelar para a ganância do ser humano, conforme costumava fazer, e sempre dava certo:

— Eu resolvo tudo, tá? Segunda-feira eu resolvo tudo, vamos acabar com essa ocorrência, segunda-feira vai fazer sol, tá ventando.

Mas a resposta do policial à sua frente foi cândida e sucinta:

— Não entendi.

— Segunda-feira vou resolver tudo — repetia Chavarry, irritado, olhando-o de forma esquiva, como se lutasse esgrima com os olhos.

— Quero saber sua escala e... Melhor, só tua escala. Tu é do 22, né? Tu não vai me procurar, eu vou te procurar, tá certo? Você e o teu parceiro.

— Tá ok, coronel, vou só falar com o teu sub, tá?

— Encaminha pra acabar essa ocorrência, tá? — insistiu Chavarry, passando a mão pelo cabelo, a cada ano mais branco e ralo, e completando: — Numa boa, dentro das normas.

— Sim, senhor coronel — respondeu Batista, cínico.

Chavarry não sabia, mas, com o celular, o policial filmava o diálogo inteiro, que, mais tarde, naquela mesma noite, viralizaria na internet — delito, aliás, jamais apurado. Batista afastou-se de Chavarry para poder falar abertamente com o subcomandante:

— Pô, Maré Zero, queria falar com o chefe do Centro.

— O que que houve?

— A criança tá pelada, a gente não viu ela sendo tocada, mas ela tá pelada e a história que ele tá contando não tá batendo — detalhou Batista, acrescentando que se tratava de um coronel.

Passaram o contato do chefe do Centro, que perguntou o nome do suspeito.

— Coronel Chavarry.

— Tá de parabéns aí com o proceder, vou mandar tua supervisão pro local pra acompanhar. Cês tão de parabéns. E já estou mandando um coronel para conduzir vocês e o coronel. A supervisão só vai acompanhar, mas quem vai conduzir é o coronel. O preso é de vocês.

Chavarry já se encontrava relaxado, na expectativa de virar o senhor do tempo e impedir que chovesse na segunda-feira. E, como não era relapso, conseguira entrar em contato com Thuanne enquanto o policial falava com a Central. Por isso, ao ouvir Batista lhe dar voz de prisão, ficou possesso.

— O que é isso? — berrou.

— Coronel, olha só, o senhor, por favor, contenha-se. Utilizarei dos meios necessários.

Mattos retornou da farmácia, mas, antes que pudesse colocar uma fralda na garotinha, Chavarry fez menção de ajudar, talvez assim conseguisse mostrar que tudo não passara de um grande mal-entendido, ainda que com tentativa de suborno, narrativa desconexa e pitadas de nervosismo. Ao esticar-se para dentro do Jetta, mantendo uma perna no lado de fora e apoiando um joelho no banco do motorista, vislumbrou no horizonte da rua as irmãs Thuanne e Izabela Pimenta chegando, vindas da Uga-Uga. A sorte parecia mudar para ele.

Enganou-se. Batista não acreditou na versão das jovens, que tinham em mãos a certidão de nascimento de Júlia. Elas diziam que o pai da menina havia morrido e que a mãe estava presa, conforme combinado de longa data com o coronel. A história era calcada na realidade, embora deturpada. Baseava-se na morte do filho mais novo de Beatriz, avó de Júlia, e na prisão de sua filha mais velha, Stephanie. Não era o melhor roteiro cinematográfico do mundo, mas era o que haviam conseguido tecer sem se perder demais na narrativa. Só que, naquele contexto, diante dos policiais, o morto passara a se chamar Jorge, vulgo Negão, e a detenta, Géssica — nomes que, de fato, constavam da certidão da menina.

Logo chegou o supervisor, o subtenente Ismail Izidoro, acompanhado de um soldado para dar reforço à ação. Chavarry tentou comprá-los, em mais uma tentativa fracassada.

— Cê pode pedir o quanto quiser pra mim, sou rico, presidente da Caixa Beneficente.

Ismail riu de nervoso e ignorou-o, dirigindo-se a Mattos com a proposta de procurar pela testemunha, a fim de fortalecer a denúncia. Proposta aceita, entraram no Bob's e perguntaram quem seria a denunciante; Dandara se apresentou. Ela pediu licença ao chefe para se ausentar e seguiu com os policiais. O coronel de reforço também chegou, levado por motorista próprio. Entraram em seus respectivos veículos, e todos, inclusive a bebê, partiram para a Central de Garantias Norte, no Jacarezinho, dentro do complexo chamado Cidade da Polícia, que reunia quinze delegacias especializadas. Mattos foi no carona do Jetta branco, dirigido pelo próprio coronel. Viagem silenciosa. No caminho, ele percebeu um tablet no compartimento da porta, pensou em pegá-lo como evidência, mas a hierarquia o impedia de apreender objetos de um superior.

◾

Mal chegaram à Central de Garantias e já havia um *power trio* de advogados à espera de Chavarry. O inspetor de plantão abordou agressivamente Batista e Mattos:

— Foi um mal-entendido, foi um mal-entendido. Vamos esquecer isso daí e ir para casa, rapazes.

A delegada Carolina Martins, de plantão naquela noite, emergiu dos confins de sua sala sinalizando que o inspetor ficasse quieto e contando que a imprensa já estava sabendo — o vídeo da tentativa de suborno já vazara na internet. A delegacia virou uma grande confusão. Mattos avisou que havia um tablet no Jetta e sugeriu que tanto o tablet quanto o celular do coronel deveriam ser apreendidos de imediato, mas ninguém lhe deu ouvidos. Quando finalmente revistaram o carro, os policiais encontraram somente uma bolsa com três frascos do sonífero infantil Sonin — mais nada. Os advogados do suspeito perguntavam o que, afinal, acontecera e, em meio ao alvoroço, Chavarry conseguiu falar com Izabela Pimenta e pediu que ela declarasse ser a dona do Sonin, mas só se lhe perguntassem. E perguntaram.

A primeira testemunha foi o próprio Chavarry, que se recusou a falar, invocando o direito de permanecer calado, o mesmo *modus operandi* de 1993, quando foi detido por manter abandonada uma criança na casa 183 de Bangu II. Em seguida, chamaram Dandara, que admitiu ter medo do coronel. Ela contou que só naquele momento percebeu que se tratava do homem que visitava regularmente a Uga-Uga, onde ela morava, presenteando mulheres em troca de passeios de carro com seus bebês. Muito ouvira falar do lendário Pedro, mas nunca conhecera o nefasto Chavarry, por isso não pôde reconhecê-lo. O mais próximo de contato que tivera com ele foi quando uma amiga sua, mãe de uma criança, pegou um pacote de fraldas em seu nome.

Dandara foi liberada na virada para meia-noite e rumou imediatamente para a Uga-Uga, onde, logo na entrada, viu Johnatan olhando a fogueira armada pela turma do crack. Ele conversava com um casal, que ela ignorou, e Dandara correu até ele, esbaforida. Foi quando o abordou, dizendo:

— Pô, cara, tu nem acredita, a Thuanne é mó doida.

Foi quando ficou sabendo que o casal eram os pais de Júlia, que tentavam justamente obter notícias da menina inquirindo Johnatan.

Foi quando, devastada, Géssica ouviu Dandara, uma desconhecida que lhe pareceu um anjo na terra, contar que Júlia estava na Cidade da Polícia. E que Thuanne também estava lá, inventando que o pai de Júlia estava morto e que a mãe estava presa.

Foi quando Géssica e Negão saíram dali que nem dois loucos.

madrugada de 11 de setembro de 2016

Negão correu por entre os carros da tumultuada avenida Brasil, ignorando a passarela de pedestres. Géssica seguiu atrás dele, mas pela passarela; temia ser atropelada. Ele chegou em casa afoito, buscando documentos que comprovassem seu vínculo com Júlia. Prestes a sair com Géssica, que também chegara, esbaforida, foi interceptado por Beatriz, ansiosa por notícias. Ouvindo o relato sucinto de meia dúzia de palavras do filho, a avó da menina petrificou-se, sentindo a atmosfera esmagá-la como no dia em que seu filho mais novo morreu — presa no ciclo de miséria que a impedia de alcançar a felicidade plena na vida. Segundos depois retomou a consciência e acompanhou a nora e o filho, que voltou por entre os carros, veloz como uma gazela a escapar de caçadores. Beatriz seguiu pela passarela com a nora, mas parou no meio, quase vomitando. Seus pés se duplicaram, enquanto o mundo tremia e girava contra a sua cabeça.

— Negão, olha a tua mãe! — gritou Géssica.

Ele voltou e socorreu a mãe, que seguiu o conselho de Géssica de respirar fundo, no mesmo um, dois, três que ensinara a ela no dia do parto de Júlia. Chamaram um táxi e atravessaram a Zona Norte indo direto para a Cidade da Polícia. Cada um carregava dentro de si um conflito; sofriam em conjunto e em silêncio pela tragédia da noite, olhando as luzes da cidade se contorcerem no trajeto para a delegacia. Beatriz foi a primeira a quebrar de vez; chorou sem parar o caminho inteiro.

Enquanto tudo isso acontecia, Thuanne, velha conhecida dos policiais como aliciadora de menores, começava o seu depoimento.

■

Thuanne foi interrogada mais de uma vez e sua versão foi mudando aqui e ali ao longo da madrugada. Se de início, ainda na rua, dissera que o pai da menina morrera e a mãe estava presa, agora sua defesa girava mais ou menos em torno do seguinte argumento: sempre cuidava de Júlia quando a mãe da menina e a avó estavam ocupadas. Eram muito amigas e passava o dia inteiro na casa delas. Quando cuidava da menina, em geral Thuanne só a devolvia à meia-noite, horário em que Negão chegava em casa, e isso era exatamente o que pretendia fazer naquele 10 de setembro de 2016, que já virara 11.

Continuou com a fábula, dizendo que tudo não passara de uma grande coincidência: buscara a garota justamente após ligar para o chefe, Chavarry, cobrando o pagamento pelas últimas faxinas, tendo de avisá--lo de que estava com uma criança de dois anos no colo. Santo que era, Chavarry teria se prontificado a comprar remédio, fraldas e um sanduíche no Bob's, se Thuanne assim quisesse. Ele teria ligado para se encontrarem na farmácia, pois, supostamente, teria feito as compras para a bebê, mas se esquecido da comida. Aqui é que a enfiada de mentiras ficava mais absurda: ela teria levado as coisas para casa e deixado a criança com ele, numa ação que faria tanto sentido quanto deixar uma criança em casa para buscá-la na escola.

∎

Vera Pimenta chegou à delegacia para dar suporte às filhas, Izabela e Thuanne.

Izabela deu seu depoimento após a irmã terminar o dela, mas seu discurso não convergiu bem com o de Thuanne, mesmo tentando. Após relatar mais ou menos como funcionava o esquema da ONG de Chavarry, e como ele ajudava massivamente a Uga-Uga, disse que Thuanne buscara Júlia em casa para fazer cadastro social numa instituição de Ramos chamada Associação Beneficente Projeto Elikya, para que a garota tivesse direito a uma cesta básica. Porém, para tal, precisava da certidão de nascimento. Infelizmente, o lugar — que não era a igreja mencionada por Thuanne quando precisou convencer Beatriz a ceder o documento de Júlia — já estava fechado quando Thuanne chegou lá com a menina. De acordo com Izabela, a irmã tivera de voltar em casa para buscar o celular, pois o esquecera, deixando a criança por menos de cinco minutos com Chavarry. Num segundo depoimento, no mesmo dia, Izabela diria não saber por que Thuanne deixara a garota com ele, nem se chegara a ir ao local do cadastro social, jogando-a aos tubarões enquanto surfava de volta à praia.

■

Ao chegarem à Cidade da Polícia, Negão, Géssica e Beatriz foram informados de que só poderiam entrar um de cada vez. Negão entrou primeiro na Central de Garantias, estava em melhores condições psicológicas, ou era o que ele achava. Na verdade, sentia-se como se o mundo fosse uma série de filmes ladeando-o, como se ele apenas pudesse selecionar cenas para assistir, incapaz de vivê-las. A primeira coisa que fez foi pedir para ver Júlia, mas não obteve permissão. Não só porque a menina estava sendo submetida a um exame de corpo de delito, mas também porque a polícia temia que eles pudessem ter recebido algum dinheiro para participar de toda aquela farsa. Ele pediu então que deixassem Géssica entrar. O pedido foi acatado e Beatriz ficou sozinha do lado de fora, passando mal.

Géssica entrou perguntando pela filha, mas foi recebida com outra pergunta:

— Você já foi presa?

Ela respondeu que não, nem seu marido. Novamente pediu para ver Júlia, mas recebeu a mesma indagação, agora da boca de outro policial, num *looping* infinito. Diante do terceiro oficial, ela sugeriu que eles checassem os RGs dela e do marido no sistema, para terem certeza da integridade da família. Viu-se livre do purgatório quando finalmente lhe permitiram ver a filha, que estava no colo de Thuanne. Emocionada, Géssica imediatamente pegou a menina enquanto Thuanne lhe sussurrava:

— Tá tudo bem com a sua filha, não fiz mal nenhum com a sua filha. Tá tudo bem.

Não era bem assim. Júlia estava mole como um travesseiro, mas se esforçava para dizer algo à mãe. Géssica não conseguia decifrar o que ela balbuciava, aproximou-a do ouvido e então entendeu:

— Desculpa, mamãe, desculpa.

O chão a engoliu. Cada minuto daquela noite intensificava a sensação de que tudo poderia piorar, esticando o sofrimento ao máximo de tensão que uma pessoa poderia suportar.

Vera Pimenta saiu do lado das filhas e foi até Géssica, para quem murmurou:

— Se você falar qualquer coisa, você vai prejudicar a minha filha. Minha filha tá fodida, ela vai em cana.

■

Beatriz finalmente ganhou permissão para entrar. Quando a porta se abriu, ela avistou Vera Pimenta caminhando para longe de Géssica com a mais escrachada e falsa expressão de estupefação no semblante. Beatriz e Géssica se aproximaram uma da outra e esboçaram, solidárias, sua descrença na humanidade. Quando Géssica foi chamada pela delegada, fez questão de contar tudo da forma como lembrava; não pouparia Thuanne, tampouco Izabela — queria que elas queimassem no inferno.

Até que, finalmente, foram liberados. Na saída da delegacia, Géssica recebeu dos policiais um pacote de fraldas, uma toalha e bolachas

Maizena, tudo comprado por Vera. Jogou cada item no lixo. No táxi de volta para casa, sentou-se atrás do motorista preparada para enforcá-lo com o cinto de segurança ao primeiro sinal de perigo — estava paranoica. Quando chegou em casa, chorou e não conseguiu mais parar. Tinha de trocar a fralda da filha, mas, depois daquela tragédia noturna, sequer conseguia imaginar que ela tinha uma genitália, quanto mais vê-la e higienizá-la. Sentia-se oprimida pela cidade, pela favela e pelo próprio lar.

O laudo pericial feito naquela noite deu negativo para abuso sexual, mas o mundo ao seu redor gritava estupro.

■

Mesmo sendo indiciado e com prisão preventiva decretada por abuso sexual de menor e corrupção ativa, Chavarry se mostrou capaz de dominar o ambiente — como de hábito. A começar pelo time de advogados, que passaram credibilidade e uma imagem de status e poder aos policiais de plantão; depois, seu irmão Paulo e o sobrinho Bruno foram visitá-lo na Cidade da Polícia, mostrando que aquele coronel era um homem de família; manteve suas testemunhas amigas sob rédea curta, à exceção de Izabela, que contou que ele pedira a ela que assumisse como seu o frasco de Sonin. A sagacidade do coronel se cristalizou na habilidade de livrar-se do celular e do tablet dentro da própria delegacia, aproveitando-se do descuido dos policiais civis, que não lhe pediram os aparelhos eletrônicos.

Ainda naquela madrugada, Chavarry foi levado para o Batalhão Especial Prisional de Niterói, presídio da PMERJ na cidade, sob a acusação de "ter conjunção carnal ou praticar outro ato libidinoso com menor de catorze anos" (art. 217-A do Código Penal); e por "oferecer ou prometer vantagem indevida a funcionário público, para determiná-lo a praticar, omitir ou retardar ato de ofício" (art. 333). Embora notadamente abatido pela derrota da batalha, sentia que ainda poderia ganhar a guerra. Afinal, já escapara de dois processos penais antes, o que poderia ser diferente agora?, perguntava-se.

15. A delegada, a mídia e o pedófilo

maio a 11 de setembro de 2016

Raí insistia que não fora estupro, já a garota dizia que não havia como não ser. Discutiam arduamente por WhatsApp a história que mobilizou o Brasil de norte a sul, em 2016, e da qual ambos eram protagonistas: o estupro coletivo no bairro de Praça Seca, Zona Oeste do Rio de Janeiro. Ele tinha 22 anos; ela, dezesseis. Ficaram juntos algumas vezes, transaram outras tantas, mas, no dia 21 de maio daquele ano, um sábado, ele achou que a intimidade lhe dava liberdade irrestrita e irrevogável.

No dia do crime, Raí, sem saber que se incriminava, publicou nas redes sociais um vídeo da garota semiconsciente e nua, com a genitália sendo manipulada. Ao fundo, vários rapazes cantavam uma variação do funk "Mais de 20 engravidou", de MC Smith. De olhos entreabertos, ela viu muitos homens ao seu redor, não sabia quantos, mas arriscou que passava da dezena. Fora estuprada, não sabia por quantos nem tinha certeza se considerava aquilo estupro, mesmo que inegavelmente fosse. Os fatos nunca ficaram totalmente claros, sobretudo porque ela foi abusada sexualmente em duas outras ocasiões do mesmo fim de semana, sendo transportada de uma casa para outra num movimento em que pode ter havido troca de rostos. Sabia-se que foram pelo menos sete perpetradores, dos quais três eram do tráfico. Na discussão por WhatsApp com Raí, a jovem lançou mão de seu último argumento: "É estupro, sim. É estupro porque a delegada falou que foi."

■

Cristiana Onorato, à frente da Dcav, entrara no caso uma semana depois de o inquérito ter sido instaurado e chamara todos os envolvidos para depor novamente. A advogada da vítima reclamara que o delegado que vinha conduzindo as diligências tratava sua cliente com "demasiado machismo", uma vez que focava as indagações muito mais nos hábitos sexuais da menina do que nas circunstâncias do estupro coletivo. Sim, a jovem já havia participado de sexo grupal; sim, tinha uma sexualidade liberta e já tivera relações íntimas com alguns daqueles criminosos; mas não, não estava acordada durante o estupro coletivo. Cristiana Onorato já havia se interessado pelo desenrolar do inquérito assim que ele ganhara a mídia e se dispôs a conduzi-lo ao notar o despreparo e os preconceitos do colega. Estava na Dcav havia quase um ano e meio, e em seu currículo constavam investigações bem-sucedidas em torno de crimes sexuais e de gênero quando ainda atuava na Delegacia de Atendimento à Mulher (Deam) de Duque de Caxias.

Ao ser interrogado pela delegada na Dcav, Raí demonstrou genuína crença de que não se tratava de estupro:

— Ah, essa menina é uma safada. Ela faz, então a gente também pode fazer — declarou ele, argumentando que ela era "tão safada" que tinha o apelido de "Come Rato", o que, logicamente, segundo ele, indicava que ela era incapaz de dizer "não" a um ato sexual, fosse com quem fosse.

— Ela estava desacordada? — perguntou-lhe Cristiana Onorato.

— Estava, mas não foi estupro — insistiu Raí, falando mais alto como a buscar credibilidade pelo tom de voz.

A delegada abriu um sorriso de canto de boca. Era uma mulher bonita, de sobrancelhas finas e expressivas, cabelos tingidos de loiro, pele parda, traços mestiços num todo e grande habilidade de intimidação com sua postura austera e o olhar duro de quem não se deixa impressionar por nada. De perto, contudo, via-se que era simpática e sensível à dor alheia; apenas não perdia o foco. Ao ouvir Raí dizer aquilo, a delegada percebeu que ele acabara de amarrar uma corda em torno do próprio pescoço. Tratava-se de um exemplo quase didático do discurso que justifica a cultura do estupro. Raí, assim como seus outros seis amigos e comparsas no crime, foi preso acreditando na própria inocência.

Cristiana Onorato indiciou seis maiores de idade e apreendeu um menor de idade em junho de 2016, quando então se sentiu exaurida, não só pela investigação, mas também por toda a operação midiática que aquele furacão desastroso atraiu para si. Ganhou mais respeito do que nunca em seu meio pela forma como lidou com o caso, mas, a partir daí, não conseguia mais ver uma câmera sequer na sua frente. Era solícita com os repórteres, porém, carecia de energia para sustentar uma relação com a mídia por muito tempo. E não é como se não amasse o trabalho, amava-o demais. Se houvesse urgência num domingo, sairia do passeio no shopping com a filha adolescente para mergulhar na atmosfera obscura dos mais vis crimes contra a infância. Nunca na carreira se sentira tão realizada quanto naquele momento. A Dcav tinha esse efeito sobre os policiais, trazia-lhes a esperança de estar lutando por algo. Por exemplo, pela inocência de um ser humano.

No começo de setembro, a delegada entrou de férias. Ficaria fora do escritório por vinte dias, descansando com a família pela primeira vez em mais de um ano. Mas, quando ligou a televisão na noite de 11 de setembro de 2016, um domingo, e viu uma reportagem sobre um certo coronel da PMERJ que teria abusado sexualmente de uma criança na véspera, no estacionamento de um posto de gasolina em Ramos, mandou mensagem de celular para o chefe: "Que palhaçada é essa?" Ela estava indignada por não estar sob os seus cuidados um caso daquele porte. E ele respondeu: "É, tu vai ter que voltar pra Dcav."

Assim, o processo contra Chavarry saiu da Central de Garantias e passou para a Dcav. E muitos dos envolvidos foram chamados a depor novamente.

11 de setembro de 2016

A maior parte da família Chavarry Duarte recebeu a notícia da prisão de Pedro como quem recebe uma conta de luz alta. Era desagradável, sem dúvida, mas não o fim do mundo. Paulo, Bruno e Glacy souberam do episódio assim que Pedro foi levado para a Cidade da Polícia, e pai e filho saíram de casa na mesma madrugada para apoiá-lo. Eles haviam se aproximado mais do que nunca de Pedro depois que Bruno e Glacy entraram para a Caixa Beneficente e seus braços institucionais.

Cristiana Chavarry descobriu uma mensagem de voz em seu celular, no principiar do dia, na qual uma sobrinha sua dizia, referindo-se às manchetes das publicações on-line: "O Pedro tá na capa de jornais por coisa de criança." A reação foi um sonolento "de novo?", de quem não se choca mais nem julga muito. César Chavarry foi o irmão que mais teve dificuldade de aceitar os fatos. Aliás, aquele deveria ser um domingo de churrasco em homenagem a ele. Era aniversário de César e na noite anterior ele fora assistir, com a família, satisfeito, aos Jogos Paralímpicos de Verão, realizados pela primeira vez no Rio de Janeiro. Aquele era para ser um fim de semana perfeito.

Rosane e Rachel Duque Estrada comiam uma pizza sozinhas naquele sábado à noite em que o patriarca percorria favelas em busca de crianças. Até ser preso.

A prisão foi o assunto daquela tarde no churrasco — nem adiado nem cancelado. Alguns defendiam que se tratava de mais uma conspiração política por causa das filiações partidárias de Pedro e de sua atuação comunitária em prol dos desfavorecidos. Outros agradeciam o fato de Modesta ter falecido quatro meses antes, pois não sabiam como ela, acamada, tendo a televisão como única companhia, reagiria ao ver o filho sendo destaque no noticiário policial. E havia aqueles que estavam enojados e irritados, prevendo que o sobrenome Chavarry ficaria marcado, forçando os parentes a apagá-lo dos cartões de visita e das redes sociais. Isso se não viessem a sofrer ameaça de demissão no emprego, ao serem identificados como tendo consanguinidade com Pedro. Não haveria volta. Todos seriam vítimas do próprio sobrenome, amaldiçoado pelo "coronel pedófilo", conforme Pedro Chavarry Duarte passou a ser chamado após a reportagem exibida no *Fantástico*, programa dominical de entretenimento da Rede Globo, naquele 11 de setembro.

12 a 13 setembro de 2016

Como assim não apreenderam o celular dele? É inadmissível, pensava a delegada Cristiana Onorato. Em novo depoimento, os policiais militares Mattos e Batista disseram que viram Chavarry com dois equipamentos eletrônicos na noite em que o prenderam e que isso foi relatado por eles na Central de Garantias. Batista contou até que recebeu uma ligação de um antigo colega de outro batalhão que defendeu Chavarry com convicção corporativista e explicou o sumiço dos aparelhos.

— O Chavarry a gente deixa passar, cara. Como assim você prendeu ele? Rapaz, ele se livrou do celular lá mesmo na delegacia. Tava cheio de pedofilia.

Mas não havia prova física da ocorrência. E logo Cristiana Onorato perceberia que essa não tinha sido a única rasteira dada por Chavarry nos policiais. Quando, ainda na Central de Garantias, perguntaram a ele onde morava, o coronel informou o endereço de seu apartamento de Bonsucesso, vazio havia quase duas décadas. E, quando enfim descobriram que ele residia na Barra da Tijuca, a busca e apreensão em seu apartamento de luxo não deu em nada, pois ele já havia mandado alguém tirar de lá qualquer pegada digital suspeita. Fã dos celulares como evidência, como ela mesma admitia, a delegada se frustrou. De certa forma, teria de refazer o trabalho da Central de Garantias e por isso convocara novamente as testemunhas.

■

As irmãs Izabel e Thuanne Pimenta conseguiam se afundar cada vez mais. Diante da delegada, Izabela começou a contar histórias sobre o envolvimento de outros moradores com Chavarry, caso de Eliana, que cuidara dos irmãozinhos Peter e Vitória havia alguns anos. Thuanne mudou sua versão mais um pouco e disse que, na noite de 10 de setembro, pegara Júlia para tirar foto de Natal numa ONG, não mais num shopping. Ficou sem resposta quando questionaram por que ela, supostamente, havia pedido a Chavarry fralda e leite, conforme declarara em seu primeiro depoimento, se os pais nunca disseram que precisavam disso.

Géssica e Jorge reiteraram o que haviam declarado na Central de Garantias, sem qualquer mudança na versão. Ela perguntou à delegada se o laudo negativo para abuso sexual significava que sua filha sairia ilesa daquela perturbação noturna. A delegada respirou fundo, pegou as mãos de Géssica e explicou:

— Os atos libidinosos não deixam vestígios. Uma língua não deixa vestígios. Se masturbar enquanto olha não deixa vestígios. Não há dúvidas de que a sua filha foi abusada, ele apenas não forçou penetração de nada nela. Foram abusos nesse perfil.

E, por mais que tivesse torcido por uma resposta negativa da delegada, Géssica sabia que algo modificara o jeito de ser de Júlia, que agora chorava com a aproximação de qualquer homem branco de meia-idade. O trauma era certo; já sobre o que acontecera no carro, ninguém nunca teria certeza de nada.

11 de setembro a meados de novembro de 2016

Não se passaram nem 24 horas após ter sido preso e Chavarry foi encaminhado para o Batalhão Especial Prisional de Niterói, no bairro do

Fonseca. Foi ele desembarcar do carro de polícia, no estacionamento da unidade, e os policiais militares e agentes penitenciários ali presentes ficaram de cabeças tortas, olhando de banda para o coronel como quem se pergunta:

— Será ele mesmo?

A idade avançada e o andar coxo davam o tom de vulnerabilidade que desarmava os que pretendiam tratá-lo com dureza. A cordialidade em cada pedido, em cada abordagem feita por ele, era o golpe final nos impenetráveis. Todavia, quando os policiais se viam longe dele e se lembravam dos detalhes sórdidos da denúncia, o asco voltava a corroê-los.

Na época o BEP ainda não tinha começado a receber em suas celas policiais notórios, políticos e empresários condenados no âmbito da Lava-Jato, megaoperação de combate à corrupção deflagrada no país a partir de 2014, atraindo para as redondezas da prisão repórteres e fotógrafos de todo tipo de veículo. A chegada de Chavarry precedeu esse período de holofotes — era ele, então, a principal atração do local. Mesmo resignado, ainda conseguia se manter relevante perante a mídia, e talvez o silêncio que se impôs tenha sido a melhor estratégia que poderia ter encontrado. Nunca passou recado para a imprensa, nem pelos advogados nem pela família. E, enquanto os jornais degolavam sua imagem, ele planejava friamente os passos seguintes.

No BEP, Chavarry foi levado para uma cela de triagem na qual os presos costumam ser mantidos isolados por, no máximo, três dias. Mas ele ficou detido ali por uma semana para evitar as animosidades que um sujeito acusado de pedofilia poderia provocar entre outros presos. E, embora "pedófilo" seja a palavra correta para designar o adulto que sente atração sexual por crianças, usar de tal palavra como sinônimo de "crime", ainda que corriqueiro, é um equívoco perigoso. A pedofilia é a denominação de um transtorno psiquiátrico, de acordo com a quinta edição do *Manual diagnóstico e estatístico de transtornos mentais*, e não uma tipificação penal. Já o crime decorrente da pedofilia é classificado como "estupro de vulnerável" no art. 217-A do Código Penal. A imprensa, contudo, assim como boa parte da sociedade, tinha e continua a ter dificuldades de separar crime de doença.

Pior eram os canais do submundo televisivo, que reuniam homens barbudos em bancadas para discutir por vinte minutos sobre se "aquele velho safado" deveria ou não receber a justiça do cassetete anal. Programas como esses — que publicizam discursos de ódio e ferem direitos humanos, dificultando qualquer discussão séria sobre distúrbio pedofílico e crime de abuso sexual de menor — eximem-se da responsabilidade e do cuidado que os canais de TV, em especial os de concessão pública, devem ter ao tratar de temas sensíveis. Mas Chavarry pouco se importava com aqueles ou com outros debates pautados a partir de sua pessoa. Com o tempo, tornara-se mais do que nunca um homem de estratégias, pragmático, imune a injúrias midiáticas. E, enquanto os policiais que o observavam de longe notavam melancolia em seu jeitão calado, os visitantes que ele recebia descobriam que sua mente maquinava sem parar.

Após a semana de triagem, César foi vê-lo movido pela esperança de, quem sabe, poder oferecer ao irmão o beneplácito da dúvida, apesar de, no íntimo, ter convicção da materialidade do crime, dada a reincidência. Esperava encontrar Pedro choroso, clamando por justiça, carcomido pela mais letal acusação contra a honra de um homem. Pueril foi seu engano. O coronel estava sereno, quase risonho, apenas levemente mais contido que nos seus melhores momentos. Diante de César, perdeu-se num complexo planejamento sobre como faria para sair dali e o que faria quando retomasse a liberdade. Em dado momento, casquinou pela ironia do destino. Era Narciso frente ao espelho, cativado pela própria suposta genialidade.

César saiu de lá certo de nunca mais querer ter contato com o irmão. Mesmo que isso significasse afastar-se para sempre da sobrinha e da cunhada, seduzidas pelo discurso de Pedro e ultrajadas com o radicalismo de César. Fato é que ele se cansara daquele que fora pego em tantas situações imbricadas que seria preciso um PowerPoint para tentar entendê-las. E talvez nem assim conseguisse.

A cela de Chavarry, de acordo com funcionários da prisão, era de vinte metros quadrados, tinha um beliche num canto e um vaso sanitário no outro, separados por uma cortininha de boxe de banheiro. Ele se vestia com o uniforme prisional, a roupa base da corporação: camiseta branca e short ou calça neutra. Por uma brecha estratégica na porta de ferro, permanentemente trancada, os guardas o observavam durante as rondas. Ao longo do dia, uma pequena janela no alto permitia a entrada de um feixe de luz quase angelical sobre o coronel, mas a maior parte da iluminação vinha mesmo era da lâmpada instalada no centro do teto da cela. Não fossem os banhos de sol durarem mais de cinco horas e o fato de ele nunca ter dividido cela com ninguém, essa prisão teria sido tão desumana quanto qualquer outra. Por sorte, não era.

Ninguém foi vê-lo tanto nos primeiros dois meses quanto a filha, que sempre era vista chorando ao ir embora. A esposa só passou a visitá-lo a partir de novembro. Driblando o furor da imprensa, conseguiu manter-se quase anônima. Cristiana Chavarry chegou a levar comida para ele. Paulo e Bruno continuaram lhe dando apoio dentro e fora da prisão, defendendo-o de quaisquer xingamentos.

Pedro Chavarry Duarte era um homem guarnecido da boa-fé alheia e da cegueira emocional de quem já fora, de alguma forma, ajudado por ele.

setembro de 2016

A delegada Cristiana Onorato era tida por manter um relacionamento complexo com a imprensa. Parecia ter a compreensão de que, desde que não comprometesse a identidade das vítimas nem as apurações da polícia, a midiatização dos fatos contribuía para agilizar o andamento de processos, normalmente morosos. O ápice dessa simbiose foi quando permitiu que filmassem a operação de busca e apreensão realizada na casa de Thuanne e Izabela, que terminou com a coleta do celular das jovens. Desse aparelho é que foi extraída a conversa que Thuanne teve com Chavarry na noite em que ele pegara Júlia. Encontraram no Google Drive mais de trezentos vídeos de pornografia infantil. Diante disso, as irmãs e suas amigas seguiram a linha de defesa do coronel e disseram que os vídeos haviam sido "plantados" ali e que tudo não passava de uma conspiração da polícia e da mídia contra elas. Aparentemente, nada nas imagens envolvia Chavarry ou alguém do Rio de Janeiro; eram vídeos de estupro de crianças já conhecidos por investigadores, do tipo que se encontra facilmente nos sites especializados. Mas foi esse achado que deu argumento para a prisão preventiva de Thuanne e Izabela em outubro.

Houve também o dia em que a delegada mandou uma policial sua acompanhar a equipe de reportagem, para garantir que a ética não fosse ferida nem a vítima exposta em uma entrevista dada por Géssica à TV Globo. Todos almoçaram na Zona Sul e depois se sentaram num parque para a filmagem. Géssica já havia concedido entrevista ao programa jornalístico *Cidade Alerta Rio*, da TV Record, que a tratou com respeito, mostrando unicamente seu vulto. Já dessa vez não foi tão bom: pediram que ela levasse uma boneca e a alisasse durante a gravação — num simbolismo barato e quase cômico, não fosse a gravidade da pauta —, o que a deixou desconfortável pelo fato de suas mãos aparecerem na cena.

Por trás das câmeras, a investigação tomava novos rumos. Ao saber que a pequena Ana Maria, criada por Eliana e Cristiane, viajara sozinha com Chavarry a pedido dele, a delegada encaminhou solicitação de exame de corpo de delito na menina, que veio com mais um resultado negativo para estupro aparente. Como o processo investigativo não explorou muito bem os relatos das duas mães de criação e da sobrinha de Eliana — a mãe biológica —, não foi possível afirmar se houve algum tipo de abuso sem vestígios óbvios, como no caso de Júlia. Todavia, Ana Maria apresentava a mesma atitude amedrontada diante de qualquer homem de meia-idade. Outra vítima de traumas insondáveis confinados entre as quatro portas do Jetta branco.

setembro a novembro de 2016

No furor da investigação, uma jovem desnorteada apareceu na delegacia acusando o coronel de ter dado sua filha, Maria Clara, a outro casal. Larissa Rocha, porém, como de hábito, não passou credibilidade em suas declarações. Como a delegada Cristiana Onorato tendia a torcer pelas vítimas, após ouvi-la comprometeu-se a investigar aquela história fabulosa de sequestro de infante, ainda que Larissa não soubesse precisar sequer a data de nascimento da menina — só o ano e o local. Mandou policiais ao Hospital Geral de Bonsucesso checar se havia algum registro do parto, enquanto se inteirava da notícia de que em Ricardo de Albuquerque, onde Larissa morava, ela era frequentemente vista como viciada em crack por percorrer as ruas narrando delírios entorpecidos e sonhos inebriantes. Quando os investigadores chegaram com a informação de que ela, realmente, dera à luz uma Maria Clara em 2009 na maternidade, a delegada decidiu que não fecharia o inquérito referente a Chavarry sem ajudar aquela pobre alma malograda.

Demoraram algum tempo para localizar a mulher que, com a participação de Chavarry, roubara Maria Clara. O pai da menina, Carlos, nada sabia sobre ela e só se lembrava de seu primeiro nome — Daniele —, enquanto a própria Larissa se confundia e dizia que a mulher se chamava Viviane. Quando conseguiram encontrá-la, mais uma notícia correu para os jornais. Primeiro, os policiais interrogaram Daniele e o marido, Rodrigo, e isso, por si só, não foi fácil. Para além de toda a polêmica de surrupiar uma criança dos braços de uma mãe e confabular com o coronel mais odiado do Brasil naquele momento, havia algo de genuíno e delicado na forma carinhosa como o casal se referia à criança, quebrando a expectativa dos que acompanhavam a história de que se tratasse de dois seres abjetos. A menina crescia numa casa com infraestrutura, comida na mesa e ao lado de novos pais que morreriam por ela. Estava claro para a delegada que Chavarry aproveitara-se dos desejos cinza e moralmente questionáveis de algumas pessoas boas e da fragilidade psíquica e econômica de outras para atender às próprias demandas e conveniências.

Assim, Cristiana Onorato se revolvia em dúvidas:

— A menina era muito bem tratada, tinha mãe e pai [Daniele e Rodrigo]; e de outro lado tinha uma mãe muito pobre e carente [Larissa], e aí? A mãe tem direito, é filha, não é porque ela é pobre que pode tirar a criança dela. Mas e a criança? Ela tem direito de saber a sua história, sua mãe, seu pai; mas, ao mesmo tempo, foi criada com uma família que a ama. Eu indiciei Rodrigo por registrar uma filha que não é seu, informei isso à Vara da Juventude. A justiça que vai determinar com quem vai ficar. A menina tem direito de saber a história dela e a mãe tem direito de ter contato com a sua filha.

Rodrigo e Daniele concederam entrevista à TV Globo, da qual se arrependeram amargamente. Durante a conversa, o repórter fez parecer que se preocupava genuinamente com a versão deles de que apenas pegaram a garota para cuidar, uma vez que Larissa não tinha condições, mas apaixonaram-se por ela e desde então a têm como filha. Bastou a reportagem ir ao ar, no *Fantástico* de 16 de outubro de 2016, para que percebessem que ninguém entenderia a ambivalência da situação tão bem quanto a delegada. O casal nunca mais concedeu entrevista a ninguém, resignando-se em seu lar, no bairro de Marechal Hermes, junto de Maria Clara, cuja guarda eles ainda detêm.

setembro de 2016 a maio de 2017

O Jetta branco de Chavarry não era dele. Tratava-se de um carro blindado nível III-A — à prova das chamadas "armas de mão" (pistola e revólver) — alugado em nome da Caixa Beneficente mediante contrato assinado por ele, que nunca apareceu na locadora. O sobrinho, Bruno, era quem mediava tudo. O aluguel de um veículo desse porte custava, na época, 4.300 reais por mês. Chavarry foi preso por molestar uma criança no carro da instituição que mais lhe rendeu poder e vigor — péssima forma de demonstrar gratidão. Não à toa, após seis anos de construção de um império, perdeu completamente o apoio por parte dos militares da Caixa, que retiraram todas as publicações com seu nome do site da instituição, apagando-o dos anais da história e destronando-o para sempre — do Olimpo para a Terra.

Outro fator o comprometeria. Seu motorista, Bolinha, foi depor ladeado pelos mesmos advogados, de honorários altíssimos, constituídos por Chavarry. De todos os que depuseram, o único a contar com um time da área jurídica era o motorista, um homem de classe média baixa, morador de Duque de Caxias. Bolinha não teria como pagar nem mesmo uma defesa de baixo custo, por isso dependeria unicamente de um defensor público caso virasse réu, tornando evidente que seus advogados estavam sendo bancados pelo patrão. A delegada tinha certeza de que o homem sabia muito mais do que aparentava, de que era um armário de esqueletos ambulante. Num relato conciso, Bolinha negou que já tivesse transportado crianças, ainda que todos os outros depoentes o reconhecessem principalmente por andar com criança no carro do chefe para cima e para baixo e por levar os pagamentos das faxineiras.

O último relato a enterrar Chavarry de vez foi o das irmãs Fernanda e Elizabete Meirelles, filhas de Sônia, mãe da desaparecida Érica e de outras crianças, como Rafael. As irmãs relataram exatamente o que viveram: o drama do sequestro da mais nova; as memórias dele nu, caminhando entre elas, meninas ainda, com o falo exposto; as tentativas de chegar até ele para saber do paradeiro de Érica; o medo de encontrar aquela figura tão mítica quanto monstruosa; a deterioração mental da mãe até o seu suicídio. Torciam para terem a sorte de Larissa Rocha, que agora sabia onde estava Maria Clara, e para que a polícia encontrasse Érica.

No fim do ano, Cristiana Onorato mudou de delegacia, não podendo dar continuidade ao inquérito, encerrado, portanto, apressadamente. Assim, não pôde ajudar as irmãs Meirelles, tampouco aprofundar-se nos crimes de Chavarry. Nem por isso ele conseguiu escapar da prisão. Para a juíza Gisele Guida de Faria, da 38ª Vara Criminal, o corpo de provas era deveras robusto, impedindo o coronel de qualquer manobra evasiva. Ela impôs uma pena de onze anos inicialmente de regime fechado por estupro de vulnerável e corrupção ativa, comprovada pela gravação do vídeo por Batista.

Chavarry estava condenado a envelhecer em seu cubículo de vinte metros quadrados, engolido pelo olvido que afeta todo criminoso de destaque, cedo ou tarde, quando seu ato hediondo é substituído por outro mais cruel, mais sanguinolento e mais chocante executado por algum outro criminoso. Chavarry, porém, não precisou de outro criminoso para suplantar o seu histórico. Ele mesmo se superaria e voltaria às primeiras páginas dos jornais com outra história vil protagonizada por ele. Uma história forte o suficiente para mantê-lo vivo no imaginário popular. Afinal, todos os policiais que já o prenderam concordam que o caso dele é único; nunca antes se depararam com outro policial com um currículo de crimes sexuais tão extenso.

Seus erros passados eram inescapáveis.

16. Coronel rendido

Júlia

"Carioca" tem origem tupi e significa "casa de branco". Trata-se de uma denominação dada pelos índios tamoios às primeiras edificações erguidas pelos portugueses, em 1531, na terra já então chamada por eles de Brasil. E, para onde quer que olhasse, Géssica veria um mundo que não era seu, uma cidade que não era sua, uma casa que poderia ser invadida, um bairro de espiões, uma terra pertencente a Pedro Duarte Chavarry. Nem o próprio emprego sentia mais que fosse seu. Deixou de ser manicure e forçou o marido a procurar um trabalho mais para dentro da Nova Holanda, perto de casa, a fim de poder acudir a família caso alguém aparecesse para atacá-los. Desde a noite do crime, volta e meia ela acordava suando na madrugada, com medo de que o agressor de sua filha surgisse para matar todo mundo.

— Negão, acorda, acorda, querem te pegar, fica de olho — dizia, chorando.

— Calma, amor, calma, é só um sonho — ele costumava responder.

Nessas noites, Negão não conseguia mais dormir, contagiado pelo pavor da mulher, apesar de se esforçar para não transparecer o próprio medo. Se vivesse no século XVIII, seria diagnosticado como tendo meramente um estado de espírito melancólico, mas, como era pobre e morava no Brasil do século XXI o diagnóstico era de depressão, alertado por um psicólogo que os atendeu algumas vezes, a mando da delegada Cristiana Onorato, que achava que a família precisava de acompanhamento. Géssica ficou aliviada quando se esqueceram de marcar a consulta seguinte. Doía-lhe falar sobre o assunto mesmo que fosse com um profissional, e não queria ver de novo o marido em posição fetal a chorar mais ainda.

Géssica desenvolveu um pânico profundo de se pegar ensimesmada. Rodeou-se de familiares: ligava cotidianamente para a irmã que morava longe, que sofreu como se estivesse perto dos acontecimentos, no Rio de Janeiro; via os compadres toda semana e discutia vez ou outra com eles se deveria ou não levar o caso adiante, para a esfera cível, até que um deles alertou que, "se você fizer isso, vai ser um processo prolongado e vai chamar a atenção da mídia, e você, por acaso, tá preparada pra Júlia crescer com isso acontecendo e te perguntar do que se trata?".

Géssica passava os dias com Beatriz, que, em 2017, perdeu a mãe da qual tanto cuidara e que agora chorava toda noite, assombrada pelos fantasmas passados, pensando no que podia ter ocorrido com sua neta naquele Jetta branco. Nos fins de semana, Géssica com frequência visitava a mãe biológica e a de criação, formando um trio de choros. Por fim, procurava estar com o próprio pai ao menos uma vez por mês — não mais que isso, porque ele morava no Piscinão de Ramos e para chegar lá ela precisava fazer um trajeto perigoso que preferia evitar. Era um sujeito afável, ainda que viciado em drogas pesadas, e definhou após saber o que aconteceu.

Júlia demorou para começar a superar o receio diante de homens de meia-idade. Beatriz recorda-se que, certa vez, levou-a a um culto na Igreja Batista e, quando o pastor, um senhor amigo dela havia anos, aproximou-se da menina, ela se retraiu no casulo dos braços da avó e desandou a chorar, suplicando que fossem embora dali. Para sua sorte, quando entrou na pré-escola só encontrou professoras mulheres. A escolinha ficava a apenas trezentos metros de sua casa, do outro lado da passarela, ainda assim Géssica temia que a filha fosse raptada. Por isso abriu-se com a diretora, a psicopedagoga e as professoras e determinou que somente ela, sua sogra e o pai de Júlia poderiam pegá-la, sem exceções. Ouvindo, as mulheres, mesmo já sabendo do caso, ficaram boquiabertas em conjunto como se fossem várias versões do quadro *O grito*, de Edvard Munch. Olhavam para a indiazinha, tão inteligente, com o melhor desempenho da classe, e sentiam pena; contudo, esforçaram-se para não estigmatizá-la.

Mas era impossível. Géssica tornou-a uma eterna vítima de abuso sexual ao privá-la das liberdades da infância. A menina não podia dormir na casa de amigos nem passear com parentes para tomar sorvete; nem sequer podia passar o dia na laje da casa, brincando com a filha do vizinho. Tudo o que fizesse teria de ser sob a supervisão dos pais ou da avó. E era perfeitamente compreensível que sua moradia se tornasse uma torre de vigilância com alta sensibilidade aos perigos externos — nem por isso era saudável. Porém, pensava Géssica, qual seria a solução? Sair do Rio de Janeiro? Talvez.

Havia muito que agradecer à comunidade da Nova Holanda, que dera suporte emocional à família. Os traficantes do Comando Vermelho se sensibilizaram tanto que se ofereceram aos pais de Júlia para fazer justiça com as próprias mãos no caso das filhas de Vera Pimenta. De certa forma, parecia que todos acreditavam que os três meses que Thuanne e Izabela passaram na cadeia foi pouco. E talvez estivessem certos. Afinal, a rapidez com que deixaram a prisão era, no mínimo, estranha. Beatriz, contudo, tinha fé na justiça de Deus e a família recusou a oferta. Mas havia também o que criticar na comunidade, em especial a aura da sexualização precoce alimentada pelo imaginário dos moradores que parecia querer se infiltrar na infância de Júlia e corrompê-la de vez. Bem, dizia, ainda não era hora de Géssica decidir sair ou não de lá.

Outro motivo para Géssica pensar em se mudar era a proximidade da Uga-Uga. Ao menos cinco vezes depois da noite em que Júlia foi parar na Cidade da Polícia dera de cara com Thuanne na passarela que liga as duas comunidades. Nas cinco vezes a jovem abaixou a cabeça, evitando troca de olhares, envergonhada. Já Izabela não só zombava de Géssica quando cruzava com ela, como ousou frequentar o baile funk de Ano-Novo da Nova Holanda em 2019, estragando o Réveillon da família. Johnatan Pimenta, por outro lado, tentou se equilibrar numa atitude ambígua, mantendo-se próximo da família de Júlia, mas, ao mesmo tempo, defendendo as irmãs. Terminou levando um fora de Stephanie, que ainda cumpria pena, e sendo advertido por Géssica para nunca mais chegar perto de sua filha.

A única pessoa da Uga-Uga com quem Géssica continuava a conversar era Dandara, a moça que trabalhava no Bob's, de quem se aproximou bastante, num enlace de malogrados. Por ser uma voz destoante entre os defensores da família Pimenta, Dandara deixou de ser bem-vinda na Uga-Uga, favela em que cresceu. Desde aquela noite fria em que vira Chavarry com uma menininha no banco da frente do Jetta branco, sentia-se tão solitária, ameaçada e vulnerável quanto Géssica. Dandara chegou a receber uma carta de convocação para depor no 12º BPM, em Niterói. Só não caiu no golpe porque seu defensor público estranhou o convite, que partira de um batalhão que nada tinha a ver com o inquérito. Tanto que o chamado não foi reconhecido pelas autoridades responsáveis pela investigação; tampouco, porém, foi esclarecido pelos militares que a convocaram.

Nem tudo virou pessimismo na casa de Júlia. A cada ano seus pais têm mais certeza de que ela vai se tornar uma profissional brilhante na área que escolher e uma militante feminista, com foco na causa das vítimas de abuso sexual, pois Géssica pretende contar a ela tudo o que se passou. Apenas espera o momento certo, ou seja, o dia em que Chavarry virar memória distante, ainda que para sempre triste, dessas que são lembradas numa roda de amigos em que se discute o que foi e o que será. O casal acredita que Júlia pode também se formar médica pediatra, pois a própria menina diz hoje que seu maior sonho é tratar as crianças com carinho — diferentemente, é claro, da violência daquela noite em Ramos.

É quase como se soubesse.

Ana Maria

Diferentemente de Júlia, Ana Maria — menina de cachos dourados e pele parda que viajou sozinha com Chavarry — ainda não consegue se aproximar de qualquer homem que seja, a despeito de idade e etnia. Para conquistar sua confiança são necessárias semanas de convivência, tamanho o trauma. Foi um dia inteiro no Jetta branco. Ela foi devolvida a Eliana e Cristiane completamente dopada, mas e quando estava lúcida? Por onde andou? O que viu? O que sentiu? Ninguém parecia capaz de desvendar tais enigmas, e talvez nem quisessem. Quanto mais o tempo passava, menos a superação se anunciava como salvação, parecendo mais uma tortura que se esticaria por décadas no porvir.

Eliana e Cristiane não ganharam muito por tentar aceitar a realidade; na verdade, não ganharam nada. Sentiam-se traídas pela imprensa, pelos vizinhos, pela polícia e pelo governo do estado, que não só nunca lhes deu acesso ao acompanhamento psicológico oferecido à família de Júlia, como tirou delas o próprio lar. Entre 2017 e 2018, uma boa parte da Uga-Uga teve de ser removida para acomodar a obra de expansão do BRT de Ramos. Os moradores das casas que ficavam no trajeto foram recompensados com um apartamento no conjunto habitacional Minha Casa Minha Vida, no bairro de Taquara, no distrito de Jacarepaguá, o maior curral da milícia fluminense. Eliana e Cristiane estavam entre essas pessoas e, no início, adoraram o lugar para o qual se mudaram. Era a primeira vez em muito tempo que habitavam um ambiente com infraestrutura, piso e saneamento, e também seria a última. A expulsão da Uga-Uga, que no começo pareceu horrível mas se mostrou muito boa no meio, no final se comprovou tenebrosa, quando milicianos invadiram o apartamento delas alegando saber que Eliana, além de ter parente envolvido com tráfico de drogas, havia deposto contra Pedro Chavarry na Dcav. Expulsaram-nas da região e elas perderam tudo.

A família foi morar numa parte intocada de uma zona de pasto tão recentemente ocupada, na Zona Norte, que quase ninguém chegava lá, nem mototáxi, nem bodes e cabras, nem os porcos selvagens que mineram montes de lixo em gangues de até dez, nem mesmo a molecada do vapor. Hoje, elas moram num amálgama marrom encinzado de lama, pedregulhos e esgoto a céu aberto em meio à vegetação, contrastando com a bela panorâmica que veem dali: as luzes da outra banda da Zona Norte, urbanizada, e o mar da baía de Guanabara. Não é o melhor lugar do mundo, tampouco o mais higiênico, mas quem já fundou a Uga-Uga pode gerar a comunidade que quiser. Era um terreno limpo, novo, com possibilidades infinitas de aproveitamento, pensavam. E assim, desde que se mudaram, passaram a investir mensalmente em melhorias no barraco de madeira, que um dia será de alvenaria e, quem sabe, terá uma pintura decente, com uma paleta viva a combinar com o pasto. Enquanto a obra caminha morosamente, Eliana toma antidepressivos, tentando vencer o que a consome toda noite, antes de dormir.

Elas padecem das assombrações das próprias escolhas, desde quando decidiram fechar os olhos para o que era óbvio: as voltinhas de carro com Chavarry. O fantasma que as acorrenta é, além de Chavarry, a certeza de que a conivência as expôs. Mas elas são uma família e digerem tudo isso juntas, dia a dia.

Maria Clara

Larissa Rocha não tem mais volta. Perdeu-se no labirinto da própria insanidade, sem conseguir prover os filhos, paralisada na vida por transparecer loucura a ponto de ninguém mais lhe dar emprego. As dívidas só aumentaram, e até as formas que arranjou de se sustentar se tornaram problemas. No começo de 2019, entrou para um negócio de venda de sutiãs. Parecia simples: ela os venderia às amigas em troca de uma pequena comissão, mas não tinha condições psíquicas de manter aquela transação comercial com regularidade. O marido, Carlos, mudou-se para uma casa contígua e nunca mais mostrou a carteira para nada, pelo contrário. Em muitas tardes vai tomar café na casa dela, degustando os únicos alimentos que os filhos têm. Larissa acabou tomando uma atitude drástica: roubou dinheiro na venda em que trabalhava e ficou em dívida com o contratante. Para economizar, praticamente parou de comer, alimentando-se, no máximo, uma vez por semana. Até 2019, não tinha nenhuma tatuagem nem piercing no corpo. O ano virou e ela começou a se perfurar e se cortar até mesmo por conta própria.

— Fiz pelas dores que passei, não suportava mais. Daí fiz a tatuagem pra me acalmar um pouco. A dor foi tão grande que pensei: "Vou ter que sentir um pouco da dor pra ver se passa o meu sofrimento."

Foi assim que surgiram uma lágrima desenhada abaixo do olho e o símbolo do SBT no braço, ambos os desenhos criados por ela para que o tatuador copiasse. Um dia ela sonhou com o canal de televisão do Silvio Santos; acordou e reproduziu o logotipo da empresa. Mas nada funcionava. O sentimento após cada sessão de dor física era opaco.

A única coisa que hoje alivia o peso da existência, segundo Larissa, é a música. Começou a se interessar por composição quando morava em um abrigo em que um amigo seu tocava violão para as meninas dançarem. Depois, entrou para um coral e começou a compor. Foi só com o rapto de Maria Clara, cujo caso se perdeu no limbo da Justiça, a ser eventualmente avaliado por algum juiz, que ela conseguiu canalizar a paixão pela música para algo que lhe rendesse algum fruto: a anestesia emocional.

Quanto tempo afastada de você
Sem ao menos poder te ver
Filha, é difícil pra mim
Viver sem você
Isso não dá para aguentar

Peço a Deus para alcançar
Ao teu lado quero estar
Passe tudo o que passar
pois não quero que nunca deixe de me amar
pois eu sempre te amarei
em todo lugar.
Soubesse o quanto estou
sentindo afastada de você
peço todos os dias a Deus, pelo menos pra mim te ver.
Não se esqueça de mim jamais
porque eu sempre amarei você
tudo que eu faço é pensando em você
então nunca se esqueça de mim
sempre vou amar você.

Essa canção é o epítome de uma mãe que não tem forças para continuar buscando pela filha que lhe foi roubada, mas nutre uma esperança pueril de que um dia Deus a devolva. Essa canção é o quadro de alguém cada vez mais distante de um final feliz; alguém a quilômetros de um caminho sem dor. A loucura que aflige Larissa Rocha é também o que não lhe permite desistir — a ambivalência da insanidade.

O coronel

Chavarry saiu da prisão em dezembro de 2018, migrando para o regime domiciliar, um benefício que ele obteve com rapidez incomum. Ex-amigos da PMERJ que o viram caminhar pela estação de metrô da Barra da Tijuca certo dia notaram que ele ficou nervoso ao ser reconhecido. Por mais que seu caso tenha repercutido na imprensa e nas redes sociais, isso não foi suficiente para saciar a indignação da população. Ele era um alvo. Portanto, evitava se expor. E como estava decidido a não voltar para o presídio, mesmo que para isso tivesse de abdicar de cometer novos crimes, afastou-se da Uga-Uga. O único vínculo do qual não abriu mão era o mantido com a Polícia Militar, da qual ainda recebia um salário de mais de 20 mil reais líquidos, apesar do compromisso assumido publicamente pela instituição de exonerar o coronel — promessa que morreu no papel-jornal.

César Chavarry continua a se referir a Pedro como "ex-irmão". Cristiana o recebe para almoçar em alguns fins de semana. Paulo, Bruno e Glacy nunca duvidaram de sua inocência, embora Glacy intuísse que, mesmo que não envolvesse pedofilia, alguma coisa com criança havia. Rosane e Rachel continuaram a pintar a família feliz, inabalada pelo terremoto provocado pelo terceiro inquérito criminal contra o patriarca e a condenação irrefutável — antes do flagrante envolvendo Júlia, havia tido o caso de Rafaela, e ainda o processo por receber propina do jogo do bicho, sem contar a vez em que foi parar na cadeia por tentar equiparar os salários da corporação aos das Forças Armadas, mas esse último foi um inquérito administrativo, e não criminal.

Contudo, enquanto as vítimas de Chavarry tinham de mudar de rotina, refugiar-se nos rincões das favelas do Rio de Janeiro e fazer tratamento psicológico, a vida de Pedro parecia quase a de um cidadão comum transitando pela Barra da Tijuca. Talvez o maior baque tenha sido o tanto de amigos que lhe viraram as costas na corporação. Seu antigo ídolo, o militar e deputado federal Paulo Ramos, foi o único a manter-se ao seu lado, defendendo-o, inclusive.

Chavarry, no entanto, tinha uma vida pregressa tão obscura que seria impossível estabelecer um novo *status quo*, por exemplo, de envelhecimento sereno. Preparava-se, contam parentes, para pôr o apartamento de Bonsucesso para alugar, tal qual fizera com a casa da Barra da Tijuca, pegar o dinheiro e se mudar para Teresópolis, na Região Serrana, onde nada nem ninguém, imaginava, poderia atingi-lo. Frustrou-se.

■

No dia 26 de abril de 2019, um mandado de prisão temporária foi expedido em seu nome. Uma menina de dez anos e um menino de quinze compareceram à Dcav acompanhados da avó para denunciar que o pai deles, funcionário da Fundação Getulio Vargas, e o avô, aposentado, não só os estupravam reiteradamente havia cinco anos, como ocasionalmente os prostituíam. Eles contaram que um dos clientes fixos era o coronel Pedro Chavarry Duarte. Seu período de maior assiduidade com ambos teria sido em 2016, concomitante, portanto, aos outros crimes que ele cometia na Uga-Uga. Os irmãos relataram ao delegado Adilson Palacio que não depuseram antes por receberem constantes ameaças do pai e do avô, que lhes diziam que o coronel poderia mandar matá-los se abrissem o bico. Assim, esperaram ter mais idade e forçaram a avó, que sempre soube dos abusos, a levá-los à delegacia, mesmo que ela estivesse temerosa das repercussões negativas na vida da família.

Assim que voltou a aparecer no noticiário, Chavarry sumiu do estado por uma semana, acompanhado da mulher e da filha. Ninguém sabe para onde foi nem o que fez, mas ele foi esperto, pois quando finalmente se entregou não havia imprensa a observá-lo. Rendeu-se na surdina, indo à 19ª DP, na Tijuca, durante o plantão noturno, já que o diurno era comandado por Cristiana Onorato. Meses após sair do caso envolvendo o coronel em 2016, a delegada recebeu uma ligação anônima feita de Bonsucesso na qual ameaçavam sua filha de estupro anal. Até onde a delegada soubesse, seu único inimigo com atuação naquele bairro era Chavarry, mas não havia nada que comprovasse que a tentativa de intimidação ocorrera a mando dele.

Entregar-se à polícia no período noturno não foi a única esquiva do coronel rendido. Ao não comparecer diretamente à Dcav, onde o inquérito estava instaurado, ele forçava o delegado Adilson Palacio a interrogá-lo dentro de um BEP, uma área militar, zona de conforto de Chavarry. No dia do interrogatório, a serenidade transmitida pelo coronel no seu "não sei nada desse caso e não conheço essas pessoas", ao se referir aos irmãos que o denunciaram, foi tão perturbadora que desarmou o delegado, incrédulo com a capacidade do homem à sua frente de dominar um ambiente mesmo após tantas pancadas do destino. Ele se fez ser preso para conseguir se manter livre dentro da própria prisão.

O que ninguém entendia era que Chavarry não caía, nem nunca cairia, pois sua casa não estava na Barra da Tijuca nem em Bonsucesso — sua casa era o Rio de Janeiro. Branco, bem afortunado e hábil navegador do sistema em que vive, Chavarry é carioca no sentido original da palavra, de "casa de branco". Chavarry tem poder; ele é o dono da "casa de branco". É o dono da "casa de branco" porque tem poder. Somente na terra da "casa do branco" um homem como ele pode permanecer impune, porque, no final, ao dono da casa tudo pertence.

Epílogo: As irmãs

setembro de 2016 a julho de 2018

Chavarry estourou na imprensa nacional quando eu estava no quarto semestre do curso de jornalismo. Ao ver aquele rosto intumescido e sênior na tela da TV e nos portais da internet, algo me atiçou a curiosidade de um jeito tão arrebatador quanto Truman Capote deve ter sentido ao ler sobre o assassinato da família Clutter numa nota de jornal, notícia que após longo trabalho de apuração se transformou, em 1966, no livro *A sangue frio*, que inaugurou o chamado *jornalismo literário*. Não seria o caso de dizer que foi uma semente a germinar com o tempo; não, foi atração instantânea. Eu tinha certeza de que aquele seria meu Trabalho de Conclusão de Curso, só não sabia ainda o que viria pela frente. Então, acompanhei atentamente o noticiário, esperando que o assunto se desgastasse a ponto de os jornalistas não prestarem mais atenção nele. E, quando, em algum momento, a cobertura arrefeceu, animei-me a sair em busca de detalhes ainda não descobertos, de fontes não ouvidas e de territórios não visitados.

Mudei-me para o estado do Rio de Janeiro no segundo semestre de 2018.

abril a maio de 2019

Analisando minuciosamente o inquérito sobre o crime ocorrido no estacionamento do posto de gasolina de Ramos, perto do Bob's, dois relatos me chamaram atenção: os das irmãs Fernanda e Elizabete Meirelles. Havia algo de inconcluso que me deixou boquiaberto com a ineficácia policial, uma sensação de traição por uma peça jurídica até então excepcionalmente bem construída. Eu esperava encontrar nas páginas daquela impressionante história burocratizada uma resposta para a dor das jovens que procuravam pela irmã desaparecida, Érica. Uma busca que já virara uma espécie de tributo em homenagem à mãe morta — que, em entrevista, descobri ter se suicidado de modo dramático.

Liguei para os dois números de celular que constavam no inquérito como pertencentes a Fernanda e Elizabete. Nada. Mandei mensagem. Nada. Fui a um dos endereços, na Vila Cruzeiro, a principal favela do Complexo da Penha, também conhecida como favela do Baile da Gaiola. A tentativa foi tão inócua quanto. Havia um último endereço, no bairro da Praça Seca. E, antes que surjam questionamentos em torno de que outros métodos eu porventura terei usado para encontrá-las, adianto que todos foram legais. Esse endereço fica em mais uma dessas zonas marcadas por conflitos entre milicianos e traficantes — poderes paralelos se engalfinhando por aquilo que o estado não quer dar, mas a população precisa. Um exemplo da mais clássica história do Rio de Janeiro. E justamente no dia que escolhi para visitar o endereço, que representava minha última esperança de poder conversar com pelo menos uma das irmãs, uma sangrenta batalha ocorrera naquela madrugada no morro da Praça Seca. Fui para lá mesmo assim.

Eu morava no município de Niterói na época em que produzia este livro. E o trajeto entre o bairro de Santa Rosa, de onde saí, até a Praça Seca se mostrou um dos mais característicos do Rio de Janeiro, com sua diversidade de ambientes e de classes sociais. Já na Praça Seca, a rua que o GPS indicava se revelou profundamente traiçoeira. A casa cujo número eu, em teoria, encontraria já nos primeiros quatrocentos metros não estava ali, e me vi diante de uma grande balbúrdia numérica. Dessa forma, adentrei quase dois quilômetros, cada vez mais perto de onde se dera o tiroteio.

Quando por fim atingi o local, após uma caminhada sob sol causticante, um senhorzinho negro, barrigudo e extremamente simpático me disse que não dava para subir até o endereço de Elizabete Meirelles, não. Os meninos da "profissão perigo" haviam expulsado os moradores do topo do morro, pois precisavam estar atentos a qualquer movimento suspeito, qualquer sinal de que "os alemão" (membros da facção inimiga) vinham no horizonte de relva. Elizabete também fora expulsa de casa, confidenciou-me outro morador. Conversei com mais umas cinco pessoas, pedindo informações, às vezes como cidadão, às vezes como repórter, até chegar a três escadarias apertadas e carentes de personalidade, ladeadas por casebres estreitos e sem profundidade. Subi cada uma delas e, como Deus é mestre em dar rasteiras, a escadaria correta era justamente a última.

— Olá, você é a Elizabete? — perguntei a uma moça de pele marrom, gordinha, de traços joviais e desesperados.

Infelizmente eu suava e ofegava, assustando-a já na primeira impressão. Ela assentiu devagar com a cabeça à minha pergunta, receosa. Expliquei-me, detalhando a situação e contando que pegara seu contato lendo os autos do processo que envolvia Chavarry. Foi um esforço inútil, pois tive de repetir minha explicação de como a achei mais de cinco vezes, tamanha a sua apreensão.

— Por que você está me procurando? Eu não tenho nada pra dizer.

Estávamos ainda na escadaria, defronte à sua casa, cuja porta se encontrava aberta. A televisão estava ligada, pois eu ouvia vozes de noticiário.

— Sei que soa estranho alguém vir do nada, mas...

— Me desculpa, mas não sei nada, não contava com ninguém batendo na minha porta — retrucou ela, cortando-me não apenas a frase, mas os ânimos.

— Eu tentei ligar, pra não dar susto.

— É, mas eu tomei um susto.

E foi nesse momento que comecei a mostrar todos os meus documentos, tentando provar que eu era eu e que tinha as intenções mais honestas possíveis. Queria conversar. Ela concordava com a cabeça e fingia acreditar, para logo em seguida me desacreditar. Estava nervosa — não a culpo. Fora perseguida por um carro escuro de vidros também escuros bairro adentro, poucas semanas após denunciar Chavarry à delegada Cristiana Onorato. Os advogados do coronel haviam passado a seu cliente informações pessoais sobre os denunciantes, como endereço e telefone. Talvez o coronel tenha sentido um ódio especial por aquelas irmãs por elas terem se disposto a romper com o silêncio desencavando uma história da qual, vai ver, ele nem se lembrava de ter existido.

Nosso diálogo durou mais de quinze minutos. Eu não poderia sair de lá sem ao menos uma promessa de que ela refletiria sobre minha proposta. Por isso apelei para o mais sensível dos pontos fracos: os anos dedicados à procura da outra irmã, Érica. Aquilo evocou lágrimas malformadas, rompidas de forma brusca, a escorrer por seu rosto. Sei que uma vítima de algo tão pesado e obscuro quanto os crimes do coronel precisa ter seu espaço respeitado, mas eu precisava daquela história, precisava entender mais da única pessoa que admitiu tê-lo visto nu, com límpidas memórias da cena. A escritora e jornalista estadunidense Janet Malcolm foi de uma precisão cirúrgica ao dizer que o jornalismo é moralmente indefensável; olhe só o que fiz com a pobre moça, forcei-a a se expor sobre um assunto tão abjeto.

De qualquer forma, funcionou.

Sua irmã, Fernanda, me chamou por mensagem de celular mais tarde. Conversamos por horas. Há algo que move as pessoas nessas histórias. São seres humanos resignados, melancólicos pelo fardo que carregam. E, a cada dia, mês, ano que passa, o peso ameaça derrubá-los mais ainda. Essas pessoas dizem não querer dar entrevista, afirmam ter medo, paranoia, mas basta uma leve insistida para que contem tudo, em detalhes. São bolas presas em caixas, pressionando para escapar, e eu apenas retirei o cadeado.

Uma vez que acreditou em mim, Fernanda contou tudo. Ela vasculhara cartórios das zonas Norte e Oeste, sem sucesso, já que sua mãe nunca registrara Érica. Fizera publicações em sites de desaparecidos e até contatara Chavarry, lá por 2012. Numa das conversas, ele disse que não podia estender muito a ligação, pois estava transportando uma criança do Rio de Janeiro para Belo Horizonte, em Minas Gerais. Isso gerou certa tristeza nela, que pensou que talvez Érica já estivesse em outro estado. Curiosamente, essa característica interestadual de Chavarry nunca fora mencionada por ninguém até conversarmos.

As Meirelles choravam a perda da irmã e o suicídio da mãe, Sônia.

Essa era a história de três mulheres que tentaram muito ir além, mas sem sucesso, pois os obstáculos foram criados por pessoas bem mais poderosas que elas. Um advogado, amigo da família, suspeitava que haveria uma pista do paradeiro de Érica no processo de Bangu, aquele que envolvia Rafaela Coutinho e a casa 183, mas nunca conseguiu desarquivá-lo, assim como a polícia nunca tentou acessá-lo. Em maio de 2019, após meses à espera de uma decisão do presidente do Tribunal de Justiça, me foi concedido acesso ao processo. Era a primeira vez, desde 1994, que alguém tocava naqueles papéis mofados do caso ocorrido em Bangu II.

Eu partilhava a mesma suspeita do advogado amigo delas, pois as irmãs mencionavam uma senhora chamada Neuza, da qual sua mãe falava, já no apogeu de seus delírios, mas sem saber precisar a localização. E esses relatos casavam perfeitamente com os de moradores de Bangu II, que me contaram sobre uma mãe de santo ou líder espírita — cristãos parecem ter dificuldade de diferençar ambas as coisas, por mais distintas que sejam — cuja descrição cruzava com a delas. Antes de ler o processo, explorei visualmente um raio de quinhentos metros em Realengo, onde supostamente Neuza morava ou havia morado. Foi inútil, pois nessa zona delimitada havia mais de dez casas de santo e centros espíritas — não era um corpo fechado, mas um quarteirão inteiro. Finalmente, ao ler o processo, encontrei a confirmação que ninguém nunca se dera ao trabalho de checar: Neuza era real e em 1993 de fato tinha ficado com Érica por muito tempo, como você, leitor, já deve saber.

Não tive a oportunidade de continuar a busca pela garota, nem tenho certeza de poder encontrá-la, sei apenas que fui a pessoa a chegar mais perto de seu paradeiro. Quando contei isso tudo a Fernanda, recebi a mais cândida mensagem, dizendo que minha vida seria iluminada. A felicidade das irmãs Meirelles não era pela esperança de reencontrar a irmã perdida, pois quanto a isso não havia garantias. A felicidade delas se devia à certeza de que sua mãe não era louca, como diziam alguns, mas que, ao contrário, ela estava orientada por fatos verdadeiros. Mais ainda, Fernanda ficou contente por descobrir que alguém se importou o suficiente para tentar mais um pouco, mesmo que não resultasse em nada. A mera prova da sanidade de Sônia Meirelles já as tornava felizes.

Se minha investigação não for muito além do que já obtive, se encontrar barreiras intransponíveis, eu me darei por satisfeito porque, em algum nível, essa história terá tido uma conclusão minimamente satisfatória. Veja bem, leitor, não é uma questão de conseguir tudo o que se busca, mas de saber que as opções foram verdadeiramente esgotadas. Seja como for, Sônia, vítima da própria mente, perturbada por uma culpa inconciliável, agora tem um final muito mais decente para sua triste saga.

Fernanda e Elizabete já podem dizer que, se a mãe falhou, ao menos o fez sem desistir e com uma lucidez nunca reconhecida.

Notas

Página 18: Todas as informações sobre a história da Nova Holanda foram extraídas de *Memória e identidade dos moradores de Nova Holanda*, o primeiro de uma série de livros concebidos pela ONG Redes de Desenvolvimento da Maré que visam narrar a trajetória das dezesseis comunidades que formam o Complexo da Maré.

Página 38: Todas as referências ao currículo de Pedro Chavarry Duarte constam de sua ficha disciplinar na PMERJ.

Página 38: A cerimônia realizada para marcar a chegada de José Zacharias ao 4º BPM foi registrada na página 12 do *Jornal dos Sports* de 20 de junho de 1977.

Página 39: A festa de Natal foi registrada na página 2 do *Jornal dos Sports* de 24 de dezembro de 1977.

Página 42: Os elogios feitos pelo comandante do 4º BPM e pelo comandante-geral da PMERJ constam da ficha disciplinar de Pedro Chavarry Duarte.

Página 49: Abdias do Nascimento aborda o sentimento de grupos identitários em relação aos movimentos de esquerda em "História de minha vida", in Marcia Contins (org.), *Lideranças negras*, pp. 17-43.

Página 52: A reclamação do secretário da Associação Nacional das Empresas de Transportes Rodoviários sobre a precariedade do sistema de segurança na Rodoviária Novo Rio foi publicada na página 14 do *Jornal do Brasil* de 6 de novembro de 1983.

Página 55: Tanto a frase "A casa é minha e eu aceito aqui quem eu quero", dita pelo comandante-geral da Polícia Militar, Carlos Magno Nazareth Cerqueira, quanto sua declaração de que se quisesse teria mandado prender todos os duzentos participantes da assembleia do Clube dos Oficiais foram publicadas na página 7 do *Jornal do Brasil* de 2 de fevereiro de 1984.

Página 61: Os dois trechos transcritos sobre o risco de alagamento no Rio de Janeiro no verão de 1988 foram publicados na página 2 do *Jornal do Brasil* de 15 de janeiro daquele ano.

Página 62: O saldo das enchentes de fevereiro de 1988 no Rio de Janeiro foi publicado na página 4 do *Jornal do Brasil* de 8 de fevereiro daquele ano.

Página 63: A notícia do veto do presidente José Sarney à liberação da verba que bancaria medidas de prevenção de enchentes no estado do Rio de Janeiro foi publicada na página 13 do *Jornal do Brasil* de 4 de janeiro de 1989.

Página 63: A avaliação de que o estado e o município do Rio de Janeiro conseguiram em tempo recorde um empréstimo com o Banco Mundial foi publicada na primeira página do *Jornal do Brasil* de 31 de janeiro de 1989.

Páginas 63-64: As informações referentes ao Conjunto Habitacional Bangu II vêm de fontes variadas e por vezes conflitantes.

Página 64: As informações sobre a história de Bangu foram extraídas do livro *Bangu, a identidade perdida?*, de Carla Cristine Vidal de Sá.

Página 65: Um dos anúncios sobre a construção de Bangu II publicados em 1991, ano de lançamento do projeto, pode ser visto na página 8 da *Tribuna da Imprensa* de 27-28 de julho daquele ano.

Página 90: A entrevista concedida pelo coronel Gentil Pitta Lopes a *O Globo* em seu vigésimo dia de comando foi publicada na página 23 do jornal do dia 31 de outubro de 1991.

Página 91: O relato do sequestro que resultou em cinco mortes foi publicado na página 5 do *Jornal do Brasil* de 7 de maio de 1992.

Páginas 121-122: A denúncia recebida pelo deputado Paulo Melo e divulgada por ele foi publicada na página 3 de *O Fluminense* de 10 de setembro de 1993.

Página 134: A citação de Michel Foucault foi extraída de "A lei do pudor", texto que reúne suas falas proferidas em um debate de rádio ocorrido em 1978, em Paris, com o escritor e ator Jean Danet e o romancista e ativista homossexual Guy Hocquenghem. Na ocasião, Foucault discorreu sobre a abolição das leis que definem "idade de consentimento" na França.

Página 166: A informação de que Chavarry frequentava missa às terças-feiras na capela Nossa Senhora das Dores foi passada ao autor deste livro por militares que frequentavam a mesma igreja.

Página 167: A informação de que Chavarry frequentou o Curso de Especialização em Políticas Públicas de Justiça Criminal e Segurança Pública na UFF consta de reportagem do *Jornal do Brasil* publicada em 23 de fevereiro de 2002.

Página 179: O trecho transcrito saiu na edição de maio-junho de 2010 do jornal da Caixa Beneficente da Polícia Militar.

Página 228: Há versões diversas para a origem da palavra "carioca". A mencionada aqui é a adotada no livro *A história do Rio de Janeiro*, da brasilianista francesa Armelle Enders.

Bibliografia

Livros e artigos

AZEVEDO, Maria Amélia e Viviane Nogueira de Azevedo Guerra. *Pele de asno não é só história...: um estudo sobre a vitimização sexual de crianças e adolescentes em família*. São Paulo: Roca, 1998.

BARCELLOS, Caco. *Abusado: o dono do Morro Dona Marta*. Rio de Janeiro: Record, 2005.

BIBLIOTECA NACIONAL. "Rio 450 anos — Bairros do Rio — Bangu", 23 mai. 2015. Disponível em: <https://www.bn.gov.br/acontece/noticias/2015/05/rio-450-anos-bairros-rio-bangu>. Acesso em: 15 mai. 2019.

CARREIRO, Marina Pimenta e Anelise Impelizieri Nogueira. "Obesidade e gravidez", *Revista Médica de Minas Gerais*, v. 23.1, 25 mar. 2013. Disponível em: <http://www.dx.doi.org/10.5935/2238-3182.20130014>. Acesso em: 17 mai. 2019.

DIMENSTEIN, Gilberto. *A guerra dos meninos: assassinatos de menores no Brasil*. São Paulo: Brasiliense, 1990.

DINIZ, Edson, Marcelo Castro Belfort e Paula Ribeiro. *Memória e identidade dos moradores de Nova Holanda*, um projeto da Redes de Desenvolvimento da Maré com Prefácio de Jailson de Souza e Silva. Rio de Janeiro: Mórula Editorial, 2012.

ENDERS, Armelle. *A história do Rio de Janeiro*. Rio de Janeiro: Gryphus, 2015.

FERREIRA, Ignez Costa Barbosa e Nelba Azevedo Penna. "Território da violência: um olhar geográfico sobre a violência urbana", *Espaço e Tempo*, nº 18, 2005, pp. 155-168.

FERREIRA, Marieta de Moraes. *Força do povo: Brizola e o Rio de Janeiro*. Rio de Janeiro: FGV, 2008.

FOUCAULT, Michel. "La loi de la pudeur", *Recherches*, nº 37, abr. 1979, pp. 9-82.

GLENNY, Misha. *O dono do morro: um homem e a batalha pelo Rio*. São Paulo: Companhia das Letras, 2016.

HISGAIL, Fani. *Pedofilia: um estudo psicanalítico*. São Paulo: Iluminuras, 2007.

LIMA, Roberto Kant de. *A polícia da cidade do Rio de Janeiro: seus dilemas e paradoxos*. Rio de Janeiro: Biblioteca da Polícia Militar, 1994.

LOWENKRON, Laura. *O monstro contemporâneo: a construção social da pedofilia em múltiplos planos*. Rio de Janeiro: EdUerj, 2015.

NABOKOV, Vladimir. *Lolita*. São Paulo: Abril Cultural, 1981 [1955].

NASCIMENTO, Abdias do. "História de minha vida", in Marcia Contins (org.). *Lideranças negras*. Rio de Janeiro: Aeroplano/Faperj, 2005, pp. 17-43.

PONCIONI, Paula. "O modelo policial profissional e a formação profissional do futuro policial nas academias de Polícia do Estado do Rio de Janeiro", *Sociedade e Estado*, v. 20, nº 3, set./dez. 2005, pp. 585-610.

SÁ, Carla Cristine Vidal de. *Bangu, a identidade perdida? — Memórias, heranças, valores e mudanças.* Rio de Janeiro: UFRJ, 2014. <https://pantheon.ufrj.br/bitstream/11422/5454/1/CCVS%C3%A1-min.pdf>. Acesso em: 19 mai. 2019.

SILVA, Bruno Marques. *Uma nova polícia, um novo policial: uma biografia intelectual do coronel Carlos Magno Nazareth Cerqueira e as políticas de policiamento ostensivo na redemocratização fluminense (1983-1995).* Rio de Janeiro: Biblioteca Digital FGV/CPDOC, 2016.

Jornais, revistas e sites consultados

Diário de Notícias
Extra
Folha de S.Paulo
G1 (portal de notícias)
IstoÉ (revista)
Jornal da Caixa Beneficente da PMERJ
Jornal do Brasil
Jornal do Commercio
Jornal dos Sports
Metrópoles (portal de notícias)
O Dia
O Estado de S. Paulo
O Fluminense
O Globo
R7 (portal de notícias)

Terra (portal de notícias)

Tribuna da Imprensa

Veja (revista)

Arquivos consultados

O autor consultou processos judiciais obedecendo ao princípio da publicidade processual.

Anais da Assembleia Legislativa do Estado do Rio de Janeiro (Alerj)

Arquivo da Polícia Militar do Estado do Rio de Janeiro (PMERJ)

Arquivo do Tribunal de Justiça do Estado do Rio de Janeiro (TJRJ)

Arquivo Geral da Cidade do Rio de Janeiro

Arquivo Nacional

Arquivo Público do Estado do Rio de Janeiro (Aperj)

Biblioteca Nacional

Cartórios do Tribunal de Justiça do Estado do Rio de Janeiro

Dicionário Histórico-Biográfico Brasileiro — CPDOC/Fundação Getulio Vargas (FGV)

Entrevistas

Os nomes das vítimas e de seus familiares foram modificados para proteção de identidade. Outras fontes preferiram se manter ocultas, com medo de retaliação. Os nomes reais mantêm grafia conforme me foi pedido e orientado.

Agradecimentos

Aos meus pais, Janaina e Marcos, por investirem em mim, na minha educação, na minha moral e neste improvável projeto. Ao meu orientador, Samuel Lima, o homem que me apresentou às técnicas do jornalismo investigativo e, mais importante ainda, à ética do jornalista. Ao meu amigo Gabriel Daros, que me mostrou o caminho para uma escrita sincera. Ao meu amigo João Paulo Mallmann, que se dedicou a revisar este livro em um final de semana. À Eduarda Hillebrandt; me ajudaste a não desistir. Ao Leandro Demori, por dispor de seu tempo para avaliar-me. Às famílias das vítimas, que me receberam de braços abertos em suas casas, abrindo um mundo de lamúrias nunca antes ouvidas; seus nomes se manterão protegidos comigo. E à Intrínseca: obrigado por me acolher.

1ª edição	AGOSTO DE 2021
impressão	BARTIRA
papel de miolo	PÓLEN SOFT 80G/M²
papel de capa	CARTÃO SUPREMO ALTA ALVURA 250G/M²
tipografia	MINION PRO